AF497747

TESIS DE ÉXITO 4.0

59 CONSEJOS DE INVESTIGACIÓN, PRODUCTIVIDAD Y BIENESTAR PARA UNA TESIS DE ÉXITO

PhD. C. Rodrigo O. Jurado

Diseño de portada: Mariana Castro

Maquetación y diseño de maquetación: Abdelaziz Zúñiga

Editor: O. R. G.

Revisor ortotipográfico: Rodrigo Castillo

D. R. © 2021, Rodrigo Daniel Castillo González
Morena 1306, 303, Narvarte, Ciudad de México, CP 03020
alcaldía Benito Juárez, México. Tel.: 5538333796
editor@ladulcecienciaediciones.com
www.ladulcecienciaediciones.com

ISBN: 978-607-98973-2-1

Índice

Parte I
Antes de empezar tu tesis

Parte II
El arte de hacer buenas preguntas

Parte VI

Mis mejores consejos como tu Coach

Parte VII

Elige el éxito y cuida tu bienestar

Bonus

Prólogo

Es para mí un honor escribir el prólogo de este libro con una misión tan especial, como es la de ayudar a estudiantes alrededor del mundo a encontrar inspiración, motivación y apoyo en su camino de culminar una de las etapas más importantes de su vida.

El haber pasado por un proceso similar con el acompañamiento de Rodrigo O. Jurado, mi profesor de Urbanismo en ese momento y autor de este libro, me llevó a uno de los caminos más inspiradores y retadores de mi vida. Lo que les puedo compartir desde mi experiencia es que el camino de la investigación con sentido social y de cambiar la realidad en la que vivimos es una de las satisfacciones más grandes que he tenido, y que definió la dirección de mi trayectoria profesional de una manera que nunca imaginé.

Tuve mi primera clase con el profesor Rodrigo en el noveno semestre de la carrera de arquitectura, y recuerdo que llegué al primer día de clases con mucha expectativa. Al culminar el semestre, no sólo se convirtió en una de mis clases favoritas de la carrera, sino que también me recordó que los profesores que más te retan a salir de tu zona de confort son los que realmente te hacen descubrir nuevos aspectos de tu persona, te demuestran que siempre se puede llegar más lejos, y en algunos casos como el mío te llevan a lograr grandes metas.

Al tener a Rodrigo de profesor, el proyecto final de la clase fue un proceso de investigación para generar un modelo de negocios en zonas urbanas superpobladas que pudiera ayudar a miles de personas a mejorar su calidad de vida, del cual surgió Protrash. Este proyecto que nació en un salón de clases se convirtió en un emprendimiento social reconocido a nivel internacional, que nos llevó a presentar una solución para la crisis medioambiental en barrios vulnerables en México frente a personajes de talla internacional, como Bill Clinton, Muhammad Yunus, y en lugares como el Vaticano y Nueva York, y nos enseñó más lecciones de las que puedo describir. Fue un proyecto que nos demostró que si queremos ver un cambio en el mundo y en nuestro país está en nuestras manos hacerlo, y que todos podemos ser agentes de cambio.

Por medio de Protrash logramos impactar la vida de cientos de familias mexicanas, observando cómo pequeñas acciones en el ámbito socioambiental pueden hacer un cambio enorme cuando las llevas a cabo en campo. Pero, sobre todo, fue un proyecto que cambió el rumbo de mi vida.

Este libro es sumamente oportuno para el momento en el que vivimos, y espero que mi experiencia sume al valioso contenido que están por leer para inspirarlos a que sigan este camino que están cerca de culminar, y que recuerden que cuando iniciamos algo, a veces no sabemos a dónde llegará. Ojalá que su trabajo los lleve a lugares donde siempre soñaron estar, les cambie la perspectiva en maneras que los haga crecer, y los lleve a impactar la vida de por lo menos una persona. Una vez que tu trabajo impacta la vida de alguien, todo cambia, y estoy segura que sólo será el inicio de que logren impactar la vida de miles de personas a lo largo de su trayectoria profesional.

En este libro encontrarán una guía dinámica para su proceso de investigación, donde no sólo encontrarán técnicas y herramientas para llevar a cabo un proceso de tesis, sino que también encontrarán diversos consejos, ejemplos, experiencias y una guía valiosa que les ayudarán a hacer de este proceso uno más productivo y práctico. Considero que cualquier persona que esté por iniciar un proceso de investigación o tesis debería explorar este libro y tenerlo a la mano, ya que es un libro conveniente, fácil de digerir y muy útil como apoyo en esta etapa.

No puedo describir la gratitud que siento con Rodrigo por darme la oportunidad de escribir el prólogo de su libro. Como lo mencioné antes, como profesor él impactó mi vida hace algunos años y me inspiró para dedicarme a ser un agente de cambio en cualquier camino que emprenda.

Gracias Rodrigo por tu inspiración y por compartirnos tus conocimientos y experiencia en este libro que estoy segura logrará entusiasmar a miles de estudiantes alrededor del mundo.

Con gratitud

Andrea García López

Introducción.
Una mirada investigativa

. . . .

> Disfruta la vida, que es un proceso
> de aprendizaje-enseñanza continua,
> que tiene el potencial de desarrollar
> las mejores posibilidades en los seres
> humanos.
>
> Rodrigo O. Jurado

Estimado lector:

Escribir este libro ha sido una experiencia positiva y gratificante, ha sido una meta que desde hace muchos años me plantee como objetivo y cumplirla a la par, mientras terminaba de redactar mi tesis doctoral, fue un reto doble. Mi objetivo es motivarte y ayudarte a realizar y concluir la licenciatura o el posgrado con una buena tesis y con éxito, pero además de la calidad académica no hay que olvidar el bienestar personal, emocional y la calidad de vida.

Quiero confesarte que después de hacer dos maestrías y estar por terminar mi doctorado, ha sido más duro de lo que imaginé, y en el proceso cometí algunos errores, de los que aprendí y afortunadamente pude navegar entre el mar ajetreado y encontré soluciones. Por ello voy a ofrecerte lo que he aprendido, y los buenos consejos que a mí me hubiera gustado que me dieran desde el inicio. Con ello el propósito es ahorrarte tiempo, disgutos y dinero, dicho sea de paso.

Una tesis puede ser un momento clave en tu vida con un correcto entrenamiento, con una buena guía y un coaching asertivo para lograr con éxito tus objetivos. En este libro opté por redactar incorporando tanto recomendaciones personales como investigativas; ésta es una propuesta novedosa en la literatura de metodología, por dicha combinación. Considero que es importante aclarar esto desde un inicio. Si bien existen muchas alternativas y propuestas que se enfocan únicamente por la parte de metodología y de escritura académica para redactar una tesis, este libro es una propuesta fresca que incluye mucho más que eso y busca lograr un balance entre la academia y la calidad de vida del estudiante. Es importante reconocer el bienestar y cuidar nuestro balance de vida, es por ello que esta propuesta busca acercarte una serie de recursos que no sólo abonen en su recorrido metodológico, sino también en recomendaciones personales que te permitan aplicar o recurrir a herramientas que brinden mayor productividad, calidad académica y un mejor balance de vida.

La estructura del libro está organizada de la siguiente manera: La parte I comprende de varios capítulos para empezar con el pie derecho, con varios consejos y una guía para estructurar tu investigación, alinear tus objetivos de la tesis con los de tu vida, además de compartirte algunas estrategias para elegir tema, pregunta de investigación, tutor y universidad. Es el primer capítulo con todo lo esencial para ir calentado motores.

El segundo capítulo está dedicado al arte de hacer buenas preguntas, así mismo te invito a reflexionar acerca de tu pregunta de investigación y además alinear tu investigación con el valor de tu vida mediante Ikigai, una metodología japonesa para plantearte una vida más holística haciendo sinergia entre tus dones, tu misión de vida, tu pasión y tu vocación; cierro este capítulo con el desarrollo de competencias personales, un tema que ha estado en la discusión de los nuevos modelos educativos en el mundo.

En seguida te presento mis consejos y recomendaciones para empezar a escribir y organizar tu protocolo de investigación, aquí comparto algunos consejos para desbloquearte, como mi método de tu tesis de éxito que estoy seguro será de mucha utilidad; asimismo te muestro algo tan básico pero importante como es elegir el procesador de texto adecuado antes de empezar a escribir tu investigación. Este capítulo junto con el capítulo cuarto son el corazón académico del libro. En el cuarto te doy una guía para estructurar las diferentes secciones que comprende típicamente una tesis, así como mis consejos y recomendaciones con base a mi experiencia y de compañeros que he tenido a lo largo de mis estudios.

Ahora bien, lo innovador de este libro es que además de las secciones académicas te presento otras dedicadas a la productividad (parte 5), mis mejores consejos para tu cuidado emocional y éxito personal (parte 6) y el cuidado de tu bienestar (parte 7); considero que estas secciones son importantes para lograr un buen balance y ayudarte a desarrollar tu ruta para que logres disfrutar este periodo de tu vida con éxito y calidad de vida. Las secciones tienen seguimiento y coaching y te hablo desde mis experiencias personales, así como la de mis compañeros y colegas, **experiencias todas de las cuales he aprendido mucho.**

Pongo a tu disposición varios recursos para alcanzar tus metas con éxito como una propuesta de valor que busca otorgarte un gran diferenciador con el que aprendas a crear hábitos de productividad, reforzar tu compromiso y habilidades, y cambiar tu mente para transformar tu vida. También te acompaño a diseñar tu propia estrategia para lograr una tesis de éxito. Sin improvisación, y con la seguridad para dar el siguiente paso en tu vida universitaria y profesional con éxito. Adicionalmente aprenderás también a asumir la responsabilidad de tu productividad y tu bienestar de forma proactiva al adquirir hábitos positivos como estudiante y valorar la ayuda de un mentor.

Agrego un último capítulo como bonus con recomendaciones generales para los estudiantes que están pensando ir de intercambio y realizar alguna parte de sus estudios en el extranjero. En esta ocasión te hablo a partir de mi experiencia en países como Canadá y Australia, dos de los destinos favoritos por los estudiantes de posgrado.

Trata este libro como una guía con recomendaciónes y consejos que intercala lo académico con el bienestar del estudiante, podrás navegar en él, a partir del índice para recurrir las veces que lo necesites y acudir a consejos y recomendaciones que incluso te servirán para aprender **cómo vivir el resto de tu vida de manera equilibrada y cuidando tu bienestar**, disfrutando este camino, con las sugerencias que me hubiera gustado que a mí que me dieran, antes de realizar mis posgrados.

Adicionalmente encontrarás 59 consejos de investigación y productividad que podrás aplicar a tu gusto y conveniencia. Estoy seguro que si logras aplicar este contenido a tu proceso como estudiante, ganarás alas para volar y en tus estudios lograrás levantar el vuelo más alto y mejor, y por favor, nunca dudes de tu potencial, nunca infravalores quién eres, lo que sabes y de lo que eres capaz.

A lo largo de todo el libro encontrarás también experiencias de personas reales, historias y anécdotas que enriquecerán esta guía y recursos en video que podrás complementar en algunas secciones acudiendo a mi canal de YouTube: Coaching Universitario, al cual te invito a suscribirte y dejarme tus comentarios y recomendaciones.

Te doy la bienvenida a este libro y espero que lo disfrutes y sea de mucha ayuda para ti.

¿Qué es Tesis de éxito 4.0?

Permíteme contarte la historia acerca de cómo surgió y por qué decidí escribir este libro. Me encontraba en un café de un barrio de universitarios en Vancouver, cerca de la Universidad de British Columbia, redactando un capítulo de mi tesis después de haber regresado del trabajo de campo. De pronto comenzó a llover –típico de Vancouver–, así que observé por la ventana la caída suave del agua mientras bebía un café con *chai late* para tomar ánimos y continuar con ese capítulo que al fin me arrojaba hallazgos acerca de una investigación que para entonces ya había tomado tres años de mi vida. Decidí hacer una pausa breve; realmente estaba disfrutando de este largo recorrido, de lo mucho que había aprendido, de las personas que había conocido en México, España y Canadá; de las ciudades a las que había tenido que irme a vivir en búsqueda de conocer mejor el fenómeno de mi estudio para mi tesis doctoral; me preguntaba si había valido todo este esfuerzo. En esa pausa dos ideas llegaron a mi mente:

La primera, la satisfacción de logro y realización del camino recorrido, el esfuerzo, la paciencia y dedicación que por entonces empezaban a rendir frutos, por lo que sentí que sí había valido todo el esfuerzo: la segunda, el compromiso de transmitir estos aprendizajes en un libro dedicado a estudiantes que estuvieran por iniciar su trayectoria de posgrado o que buscaran en un futuro cercano hacerlo. Me pregunté, además, **¿qué me hubiera gustado que las personas me aconsejaran antes de iniciar este recorrido?** En el café, sentado en mi mesa, hice un compromiso conmigo mismo de redactar un libro para estudiantes con ese objetivo.

Y ahí estaba, tres meses después de aquel día lluvioso, en mi departamento, encerrado debido a la pandemia, buscando convertir el retiro forzoso en algo positivo y usando mis horas libres a mi favor en la redacción de este libro. Así que los últimos meses de este 2020 dividí mi día en el desarrollo de dos proyectos. Redactaba el cierre de mi investigación doctoral, y a fuego lento decidí escribir este libro que ahora tienes frente a tus ojos. En él encontrarás recomendaciones que te servirán para hacer de tu investigación y recorrido universitario una experiencia exitosa.

Hace apenas unos años las bibliotecas eran el primer lugar para recurrir en búsqueda de información, ahora tenemos una herramienta por todos conocida, actualmente el Internet ha revolucionado el aprendizaje en todos los niveles académicos, pero se requiere saberla navegar para no perderse en un mar de información. Hoy los estudiantes se enfrentan a una cantidad de información abrumadora disponible a tan solo un clic, lo que puede llegar a ser agotador en los procesos de aprendizaje e investigación. Respecto del uso de esta herramienta surgen interrogantes: ¿Cómo encontrar la información pertinente y confiable? ¿Cómo realizar una búsqueda efectiva? ¿Cómo lograr el éxito universitario sin perderse en un océano de información? En sí mismo, el proceso investigativo ya tiene sus propios retos; la intención de este libro es mostrarte cómo conjugarlos para que llegues a buen puerto.

Mi esfuerzo como tesista y profesor, con el objetivo planteado, busca ayudarte a navegar en tu grado o posgrado, en darte herramientas para tu investigación y no morir (de cansancio) en el intento. Regálate o regala este libro a alguien que está atravesando o por atravesar este desafío académico. El valioso objeto que tienes en tus manos será una guía para despertar tus capacidades y lograr mayor éxito y felicidad en el proceso de investigación. Lograr una tesis de éxito acorde a los desafíos y retos de la actualidad, es el objetivo final de este manuscrito.

1. ¿Este libro resuelve un problema? Sí, es una herramienta multifuncional que busca apoyar a cualquier estudiante de licenciatura y posgrado, a fortalecer sus competencias e impulsar la conclusión de sus estudios. Mi objetivo en este libro es apoyarte en lo que otros libros y autores no cubren, con consejos prácticos en diversos temas más allá de la mera estructura y contenido de una investigación. *Tesis de éxito 4.0* busca también ayudarte a navegar por el proceso de elaboración de tesis, disfrutando el proceso con felicidad y bienestar, además de orientarte y ofrecerte consejos útiles y prácticos para todo el proceso universitario.

2. ¿A quién va dirigido *Tesis de éxito 4.0*? A los estudiantes de licenciatura, o posgrado, que requieran escribir una tesis para la culminación de sus estudios.

3. ¿Qué beneficio recibiré al término de la lectura y aplicación de este libro? Encontrar el éxito durante tu proceso de tesis, darte los consejos que a mí me hubiera gustado que me dieran y ahorrarte tiempo y esfuerzo para mejorar tu rendimiento académico.

Tesis de éxito 4.0. Inicia con éxito es mi compromiso con todos los estudiantes que deciden iniciar un proceso de transformación a través de sus estudios de licenciatura y posgrado. Deseo compartir mi método, mis consejos y aprendizajes que he obtenido en los últimos años de investigación en tres países distintos, para inspirarte, apoyarte y compartir ideas y estrategias que me han ayudado a mí. Espero con todo mi corazón que pueda contribuir en aumentar el logro de éxito para ayudarte a concluir un proceso de investigación de forma satisfactoria para mejorar tu nivel de bienestar.

4. ¿Cuál ha sido mi trayectoria como estudiante de posgrado y profesor unversitario? Te cuento un poco de mi historia de vida, pero si no te interesa puedes pasar directo al siguiente capítulo, si te interesa conocer un poco más de mí, entonces permíteme presentarme. Cuando realicé mis estudios de licenciatura, en mi año de intercambio en España, empecé a desarrollar el gusto por la investigación a raíz de que en la universidad hacíamos trabajos que, con frecuencia, como alumnos, nos hacían cuestionarnos acerca de los problemas sociales; a ello se sumó que los profesores nos involucraban a investigaciones que ellos estaban realizando a través de ciertos temas. Era el final de 1999, ¡el siglo pasado!

Me titulé de mi primera maestría en la Universidad ranqueada #2 en Australia y clasificada entre las 50 mejores del mundo. En este grado obtuve una beca internacional y fui el primer estudiante –cuya lengua materna era el español– en obtener este reconocimiento en mi posgrado. Al término de la maestría en Diseño y Desarrollo Urbano, tuve la oportunidad de trabajar en Medio Oriente, Australia y, posteriormente, en México. Diez años más tarde, regresé a las aulas como estudiante para realizar mi segunda maestría, ahora en mi país. Después de la defensa de mi tesis recibí el título de maestro en Agroecología (2018) y fui parte del 30% de mi generación que logró titularse en la primera ronda.

Al mismo tiempo que cursé el último semestre de mi segunda maestría, inicié mis estudios de doctorado, traslapando durante seis meses ambas investigaciones, además de continuar con mi trabajo de tiempo completo como profesor en la Universidad #1 de México, conforme al QS Ranking.[1]

1. Consulta: https://www.topuniversities.com/university-rankings/world-university-rankings/2020

Mi investigación doctoral me llevó a trabajar en tres países distintos, a saber: México, España y Canadá, y en dos centros de investigación internacionales. Antes de titularme ya había publicado cuatro capítulos en diferentes libros, estaba trabajando en la maquetación de mi primer libro como autor con una editorial, terminando de redactar las conclusiones de mi tesis doctoral para su publicación y defensa, además de escribir este libro que ahora tienes en tus manos.

A la par de mi investigación doctoral lideré la elaboración de un plan de estudios para una carrera nueva en México en la Universidad #1 del país, y junto con un equipo de cinco colaboradores aprobamos el proceso ante la

Secretaría de Educación Pública de México; para nosotros es un orgullo que dicha carrera está en curso con la primera generación en aulas.

Cuando ingresé al doctorado junto con otros once compañeros, me pareció lamentable que cada semestre entre uno y dos de mis colegas se daban de baja y poco a poco quedábamos menos alumnos en los salones por lo difícil del proceso, hasta que en el penúltimo semestre quedábamos solamente tres candidatos a graduar. La sensación con la que terminaba cada semestre era desagradable, me daba pesar ver la baja de cada compañero. Estudiantes de los cuales nos habíamos encariñado y habíamos compartido una parte de este proceso enriquecedor, y me parecía lamentable que no pudieran continuar con sus estudios.

Algunos no tenían claro el rumbo de su investigación de doctorado, a otros les faltaban herramientas y otros más terminaban por no continuar a raíz de diversas razones que no compartieron con nosotros. Pero fuese cual fuese la razón de ello, el hecho era agrio y triste porque se hace uno testigo del esfuerzo, pero también del desaliento con el que se dan por vencidos. Todos y cada uno de nosotros para poder entrar al posgrado tuvimos que pasar una serie de filtros y presentar un protocolo de investigación, por lo que tal vez los filtros y las entrevistas no fueron certeras para determinar los candidatos con las competencias y el perfil adecuado para entrar al posgrado, pero por el otro lado siempre me quedé pensando, ¿qué no debería de ser al contrario? ¿Qué no debería de ser la Universidad el lugar para formar y desarrollar el talento humano, sin importar las competencias limitadas con las que llegaban los diferentes estudiantes? Este libro también está dedicado a ellos a los que se quedaron en el camino y deseándoles que estas herramientas les permitan remontar y tener una segunda oportunidad.

En la parte final de este libro verás con detalle mi trayectoria, pero no quiero dejar pasar por alto un dato relevante: soy especialista en educación y coach para estudiantes, por lo que mi intención es ayudarte a que a través de las páginas de este volumen logres el éxito en tu proceso de crecimiento académico y profesional, desarrollando tu tesis de licenciatura, maestría o doctorado, disfrutando el proceso con menos trabas en el camino para que logres finalizar tu investigación. Si bien hay algunos libros que abordan los temas de los contenidos que "deben cumplir las tesis", este documento ha sido escrito como una guía para ayudarte a ti y a todo estudiante a descubrir su potencial y su talento innato.

A continuación, te cuento acerca de mi método para alcanzar la meta anhelada.

Parte I
Antes de empezar tu tesis

1. La tesis de investigación

. . . .

De manera simple: Una tesis es un documento que en el caso de estudios de licenciatura tiene como objetivo integrar un conocimiento a través de varios años de estudio de la carrera. Se espera que en una tesis de licenciatura el estudiante pueda aplicar el conocimiento aprendido, ensayar su capacidad de análisis, síntesis y redacción, además del conocimiento propio de la disciplina. En muchas universidades es un requisito para graduación y representa el esfuerzo acumulado de varios años en un documento que presenta una resolución a una pregunta de investigación propia del área de estudio.

Para el caso de estudios en maestría y doctorado, se espera que la tesis sea de mayor complejidad y esté enmarcada en un conocimiento especializado, que además de continuar con el proceso de profesionalización del estudiante, tiene como objetivo lograr profundizar su conocimiento en un tema. Sin embargo, recientemente algunas universidades han optado por fomentar las tesis multidisciplinarias y transdisciplinarias. Esto se debe a que ciertas problemáticas requieren ser abordadas más allá de una sola disciplina; éste es el caso de la tesis doctoral que yo decidí realizar.

De tal manera, como primer paso, es importante que empieces a cuestionarte si quieres realizar una tesis para profundizar el conocimiento en cierto aspecto de tu disciplina, o si por el contrario quieres ampliar tu perspectiva más allá de los límites de la disciplina que ya has estudiado. Si decides abordar problemas complejos que demandan de otras disciplinas, conocimiento y perspectivas, te demandará un mayor reto intelectual e incluso la colaboración de especialistas en otras áreas.

Para cuando decidí entrar al doctorado, después de un proceso arduo de exámenes, elaboración de protocolo de investigación, y una entrevista con los sinodales, sólo doce alumnos fueron aceptados de un máximo de quince. Esto quiere decir que tres lugares fueron declarados desiertos debido a que los postulantes no cumplieron con el perfil y requisitos del programa. De esos doce estudiantes que ingresamos, sólo tres estudiantes logramos llegar al penúltimo semestre. Me pareció alarmante y lamentable el grado de deserción, es evidente que algo está mal en el sistema educativo, en la calidad académica previa a ingresar a la universidad, entre otros factores. Al mismo tiempo me preguntaba ¿por qué algunos alumnos no logran continuar o mantener el ritmo de dichos estudios?

Es claro que una tesis pone a prueba la fuerza de voluntad de las personas, pero es increíble el grado de deserción escolar que existe en las universidades de maestría y doctorado. Según las estadísticas observadas en el capítulo anterior para el caso de México, por citar un ejemplo, sólo el 32% de los alumnos que inician la primaria, logran concluir la licenciatura, ésta es una deserción muy alta para un país que aspira superar la barrera de la pobreza de su población. En diversos estudios se ha demostrado que el nivel educativo de una sociedad está asociado con el nivel de desarrollo y bienestar de esta, la educación con eficiencia terminal de la mayoría de la población representa el avance en la escala social.

Por otro lado, se requiere aclarar la mente y ver este proceso como una oportunidad para enriquecer tu conocimiento, para continuar el desarrollo de habilidades y retarte a ti mismo para superar tus limitaciones.

Este periodo de estudios de licenciatura o posgrado te permitirá llegar a defender tu tesis al final y conocer el tema de investigación a profundidad, incluso en ocasiones hasta más que los propios sinodales que revisarán tu tesis final. Después de estudiar durante tres, cuatro o incluso cinco años un tema o una problemática, podrás ampliar tu perspectiva y conocer dicho objeto de estudio con mayor detalle y, sobre todo, tener la satisfacción de contribuir con la generación de nuevo conocimiento para la sociedad y, por qué no, llegar a patentar algo.

La pertinencia de tu tema de investigación

Si bien existen temas complejos urgentes de la sociedad actual a estudiarse e investigarse, hay de temas a temas a elegir. Doy como ejemplo mi experiencia personal: los dos compañeros y yo que logramos llegar al sexto semestre del doctorado obtuvimos una beca del gobierno mexicano para realizar nuestros estudios. Esto quiere decir que nuestra beca fue pagada por los impuestos de los ciudadanos, lo cual representa una apuesta de la sociedad para apoyar económicamente el desarrollo de investigación y, por ende, la generación de nuevo conocimiento.

En un país como México, donde todavía hay retos básicos por superar, como los hay en otros países que también enfrentan diversos problemas sociales, ambientales, económicos y de seguridad, es preponderante que el nuevo conocimiento ataque directamente estas problemáticas para evitar desperdiciar recursos en temas no prioritarios ante los desafíos que enfrenta el país.

Los pocos recursos disponibles para otorgar becas de investigación social deberían estar destinados a estudiar temas urgentes, pertinentes y con impacto amplio para la sociedad. La prioridad es hacernos responsables de nuestro tema a elegir para que éste pueda tener un impacto sustancial en la ciudadanía; así, los temas por llamarlos curiosos, es decir que no representan un tema urgente a resolver en nuestras sociedades, pueden abordarse en segunda línea.

Planteo lo anterior a raíz de que es importante que como estudiante seas consciente de lo que este periodo de estudio representa para el resto de la sociedad que te está otorgando la beca; claro, en el caso que tengas una beca que es el pago de las retribuciones ciudadanas. Si por el contrario financias tus estudios con tus propios recursos, sería pertinente que elijas el tema que desees, aunque éste no sea un tema urgente, pero considera que sí debe contribuir en lo posible a tratar de cuestionar problemáticas de la sociedad. Alrededor de lo anterior, surge un dilema, pensemos: "¿Para quién es la investigación?" Nosotros los investigadores, en su gran mayoría, al ser parte de una institución pública que otorga las becas, también nos vemos beneficiados cuando conseguimos dichos fondos, aunque normalmente éstos son otorgados por espacios públicos, lo que quiere decir que tienen que servir a la gente, pero también a la sociedad quien dio los fondos ya sean públicos o privados... Reflexionemos sobre ello en el futuro. Esta etapa de estudio, por ejemplo, en un posgrado, precisa el momento de asumir tu responsabilidad para contribuir con nuevo conocimiento en un tema relevante que otorgue hallazgos o descubrimientos que permitan tener un impacto socioambiental, por ejemplo, en tu contexto de manera positiva, profunda, pertinente y urgente.

Tip #1

Cuestiona la pertinencia de tu pregunta de investigación, la urgencia y relevancia del tema que abordas y el impacto que ésta tendrá en tu comunidad, en tu país o en la sociedad en general.

En las universidades existen diferentes modalidades de graduación que pueden o no implicar realizar una tesis. Por lo general las maestrías pueden culminar con una tesis de investigación o con un proyecto o práctica. El nivel más alto del modelo educativo es el doctorado. Una investigación científica realizada con estudios de doctorante es para perfeccionar o especializarse como investigador científico.[2]

2. La sigla anglosajona de uso internacional se conoce como Philosophy Doctor, (PhD), que significa, literal, doctor en filosofía, pero que designa a todo tipo de estudiantes de doctorado de humanidades.

Una tesis constituye un trabajo de investigación original, con el cual el aspirante ha de aportar nuevo conocimiento comprobando o refutando su hipótesis, respondiendo a su pregunta de investigación. Para abordar el tema de investigación es necesario, por tanto, conocer lo que se ha avanzado sobre dicho tema por parte de otros investigadores, identificar en qué etapa del conocimiento se encuentra el tema a tratar y, sobre todo, descubrir o aportar algo que brinde conocimiento nuevo y que todavía no se ha estudiado. Estos descubrimientos no necesariamente tienen que ser grandes inventos o hallazgos que revolucionen a la sociedad, pueden ser también develaciones modestas o menores, pero al fin de cuentas serán hallazgos y la generación de nuevos datos que permitan a investigadores venideros a continuar el desarrollo que el ser humano tiene respecto a un tema o fenómeno de estudio.

Una preocupación que deberíamos tener presente como estudiantes son las respuestas a las interrogantes sobre la vinculación de la universidad con la sociedad, y el fin mismo de la investigación, cuyos intereses se remitan a los desafíos de la sociedad del conocimiento, un concepto que se asimila de manera acrítica. Olivé precisa que éste se refiere a "sociedades cuyas economías están basadas en el conocimiento, donde la generación de riqueza se basa sobre todo en el trabajo intelectual altamente calificado, más que en el manual de baja o mediana calificación" (2009: 19). Esta reflexión del autor nos invita además en "contar con un modelo de sociedad del conocimiento más amplio, que sea útil para diseñar políticas y estrategias adecuadas para los países latinoamericanos" (p. 20), o pertinentes a las realidades locales donde se sitúa dicha investigación.

Ante los retos socioambientales que tenemos enfrente te hago la invitación a hacer una reflexión profunda de tu pregunta de investigación que desees indagar y te comparto las ideas que Olivé reflexiona y propone en su texto, algunas características definitorias de este otro modelo de sociedad, que es aquella donde sus miembros (individuales y colectivos): (a) tienen la capacidad de apropiarse de los conocimientos disponibles y generados en cualquier parte; (b) pueden aprovechar de la mejor manera los conocimientos de valor universal producidos históricamente, incluyendo los científicos y tecnológicos, pero también los conocimientos tradicionales, que en todos los continentes constituyen una enorme riqueza; y (c) pueden generar, por ellos mismos, los conocimientos que hagan falta para comprender mejor sus problemas (educativos, económicos, de salud, sociales, ambientales, etc.), proponer soluciones y realizar acciones para resolverlos efectivamente (p.20). Estas ideas poderosas podrían ayudarte a guiar el tipo de pregunta que desees plantear y la pertinencia de ésta.

Para el caso de México, los Programas Nacionales Estratégicos del Conacyt (Pronaces) organizan los esfuerzos de investigación en torno a problemáticas nacionales concretas que, por su importancia y gravedad, requieren de una atención urgente y de una solución integral, profunda y amplia. Identificando y señalando diez en el 2021:

1. Salud.
2. Soberanía alimentaria.
3. Sistemas socio-ecológicos.
4. Seguridad Humana.
5. Educación.
6. Agua.
7. Agentes tóxicos.
8. Cultura.
9. Vivienda.
10. Energía y cambio climático.

En cada uno de los Programas Nacionales Estratégicos se propone una agenda general, que se concreta en Proyectos Nacionales de Investigación e Incidencia (Pronaii), que abordan los problemas en su complejidad estructural y dinámica, no sólo para comprender sus determinaciones múltiples y heterogéneas, sino para proponer, generar y/o acompañar la realización de acciones concretas y bien estructuradas que incidan lo más profunda y ampliamente posible en las causas de los problemas y en sus dinámicas de reproducción. Para ello, es necesario trabajar en colaboración directa y corresponsable con los actores políticos y sociales, pues de otro modo no sería posible atender ninguna problemática de escala nacional con efectividad, justicia y responsabilidad social.

2. El investigador del futuro 2030

Cuatro años atrás (2016), impartí clases en una universidad mexicana, donde uno de los aprendizajes clave del curso era aplicar el pensamiento sistémico al análisis de problemas complejos. El objetivo de mi materia era conectar al grupo con problemáticas urbanas y territoriales. Cada semestre organicé equipos que puse a colaborar en proyectos en los cuales tenían la tarea de identificar la ciudad donde vivían y a través de ello exponer sus propuestas de solución al final del semestre. Sin embargo, ese mismo año decidí hacer las cosas diferentes, pensé que no era suficiente retar al grupo con entregar una tarea final, así que propuse a los alumnos que sus proyectos finales los ingresaran a un concurso internacional. Vaya suerte, pues ese año el reto se alineó con la temática que estábamos viendo en la clase (2015). El llamado premio Hultz (Hult Prize), nació en 2009 y es considerado el "Premio Nobel de los estudiantes". Como cada edición se lanzó una convocatoria mundial con el objetivo de identificar "Las mejores 5 ideas para cambiar al mundo".

Investigación que transforma vidas

En ese semestre la convocatoria y el objetivo de dicho concurso internacional se alineó con los objetivos que cada año, como profesor, planteaba para el ejercicio final de la clase. Así, me pareció mejor presentar e informar a los alumnos desde un inicio, que el objetivo final debería ser lo más cercano posible a resolver una problemática real urbana en los barrios menos favorecidos de nuestra ciudad. Elegí el barrio con los índices más bajos de desarrollo y planteé la dinámica de la clase alineada con los objetivos del concurso y con las necesidades reales de las personas en dicha comunidad. El resultado fue que a las pocas semanas tenía conformados seis equipos de trabajo desarrollando diferentes propuestas. El proceso dio resultados: de una manera interesante, cuando empecé a dar retroalimentación a los análisis de los proyectos, hubo dos equipos con una actitud del mínimo esfuerzo, otros dos con actitud tibia y otro par en verdad destacados. Los equipos con peor actitud mostraron un análisis y propuestas para cumplir, y reflejaron el mínimo esfuerzo. Otros equipos ofrecieron un análisis medio, pero con algunas carencias y problemas entre los miembros del grupo, a lo que sugerí hacer ajustes, enfocarse en ciertos aspectos a mejorar, analizar con mayor profundidad y reflexionar las propuestas de solución.

Los equipos destacados desarrollaron, ideas poderosas a través de una buena investigación; en un inicio las líderes —ambas mujeres— realizaron las tareas y lograron desarrollar una investigación bien soportada con datos, como: cifras, estadísticas, casos de estudio, fotografías del sitio, el análisis sistémico implementado y una reflexión profunda para empezar a resolver o proponer cambiar la situación actual; sugerí ajustes menores y cambios mínimos para fortalecer ciertos aspectos, incluso sugerí cambiar el nombre del proyecto con una connotación positiva.

Entre octubre y noviembre del 2015, habría una ronda para presentar los proyectos en el concurso en una etapa que se llama *on campus program*, a nivel regional y nuestra universidad fué la sede Occidente para dichas rondas de este programa que tienen alrededor del mundo en diversos campus universiarios. El objetivo del proyecto era sacarlo del aula y llevarlo a las comunidades, resolver una problemática real, y este foro representaba una oportunidad para revisar la calidad de las propuestas por un jurado más allá de mi revisión como profesor, que les permitiera recibir retroalimentación y ampliar su conocimiento y su experiencia. Así que los dos equipos seleccionados de mi grupo presentaron, aunque fuera en sábado e implicara un esfuerzo extra. Recuerdo incluso que algunos alumnos me hablaron un día antes para preguntarme que sí era necesario que todos los integrantes asistieran a dicha presentación en sábado, mi respuesta fue obvia ¿Qué paso al día siguiente?

Uno de los equipos fue seleccionado como ganador en la ronda regional y con ello logró concursar en la etapa a nivel nacional para elegir el proyecto que representaría a México en la ronda regional del Continente Americano. Una vez que ganaron esta etapa, aseguraron su lugar para participar en las regionales (semifinales a nivel mundial) donde concursaron en Boston (marzo 2016) contra los mejores equipos de distintas universidades a nivel mundial, entre ellos varias de las mejores universidades de Estados Unidos (MIT, Harvard, etc.). Con los vientos a favor, seguimos trabajando con asesorías en clase, involucramos a otros profesores para pulir otros aspectos, como la propuesta financiera para mejorar y fortalecer aún más la propuesta de las alumnas (http://protrash.mx/). Sin duda su dedicación, talento, compromiso y esfuerzo fueron determinantes para quedar elegidas como ganadoras de la etapa nacional. Ahora el reto fue más grande y paralelamente ya estaban implementando el proyecto con las comunidades identificadas en la periferia de la ciudad. En esta ronda pasaron a un *wildcard round* donde ganaron su lugar en la final mundial y tuvieron un lugar entre los seis finalistas. Fueron seleccionadas como finalistas para la etapa mundial con proyectos finalistas del mundo por continente: África, Asia, Europa, y dos del Continente Americano, ¡entre ellas mis ahora exalumnas!, su triunfo ¡fué un triunfo para la Universidad completa! Los seis equipos fueron a un proceso de aceleración en Boston y después a las finales en Nueva York (sept 2016). ¡Increíble, este equipo de alumnas que llegaron a la final después de haber competido con 25,000 equipos a nivel mundial!

Como profesor es un orgullo ver como tus alumnos logran conectar ideas, integrar el conocimiento del aula y proponer alternativas, investigar, estudiar y ahora entrar a una etapa de encubación del proyecto como una empresa de emprendimiento social. No tengo palabras para describir esa alegría y orgullo por la evolución de mis ahora exalumnas.

Esta fué una investigación que transformó vidas a raíz de mi propósito como profesor: hacer que una investigación tenga sentido social. Por primera vez una tarea simple asignada por un profesor logró integrar a una gran cantidad de personal del campus en la universidad para apoyar y fortalecer el proyecto de las alumnas.

Ocho meses después, en Nueva York, me reencontré con las estudiantes y sus familias para acompañarlas y apoyarlas en la presentación final del proyecto. Fue uno de los momentos más emocionantes de mi vida y ese día decidí comprometerme con hacer mi doctorado y hacer una investigación que lograra impactar la vida de las personas y sirviera para otras comunidades menos favorecidas. Hoy, en pleno 2020 escribo mi tesis final de investigación doctoral, inspirado por este gran proceso de mis exalumnas quienes consiguieron llegar a la final mundial. El proyecto de estas alumnas tuvo impacto positivo en más de 1,500 familias y lograron impactar en comunidades vulnerables, democratizando la cultura del reciclaje en dichas comunidades y desarrollaron una tarjeta de canje por alimentos.

Lo anterior es un ejemplo para inspirarte y siempre soñar en grande, para que no limites tu proyecto; si tu investigación se va a limitar, ésta no logrará salir del aula. Como profesor pienso que el mundo es mi aula, y que los temas socioambientales se conectan con las personas y los lugares reales. Mi clase y mi trabajo, y el compromiso de mis alumnas, cumplieron con su objetivo, ahora es el turno de cuestionarte: ¿Qué tipo de investigador/a quieres ser hacia el 2030? ¿Uno/a que transforma vidas?

Algunas preguntas, sobre todo aquellas relacionadas con responder a retos socioambientales están llegando tarde y pareciera que el tiempo se acaba para tomar acciones concretas y radicales. Cientos de investigaciones han aportado evidencia de que se requieren cambios en la sociedad y la manera en cómo nos relacionamos con el planeta, con sus recursos y ecosistemas. ¿Te imaginas que puedas aportar tu granito de arena y abonar al avance de una sociedad? Así es como tienes que ver este reto, **como una oportunidad para contribuir con el conocimiento, el desarrollo y la investigación.**

Volvamos a reflexionar sobre nuestras investigaciones y reforcemos que una tesis es un trabajo que lleva su tiempo, y para cuando ésta se publique es probable hayan cambiado muchas cosas alrededor de tu tema. Por ello te recomiendo que definas con exactitud el espacio temporal de tu indagación y el ámbito geográfico que lo comprende. Independientemente de que acotes tu investigación a un espacio y tiempo, la indagación del tema tendrá que ser completa y minuciosa para proveer una visión amplia de los antecedentes de dicho tema. Esto te permitirá evitar omitir datos o cuestiones significativas en torno al asunto que hayas elegido. Es importante que dicho acercamiento donde el estudiante relata el *Estado de la cuestión*[3], contextualice al lector de manera ordenada, que vaya de lo macro a lo micro y que la narrativa sea sistemática y clara para enfocar la mirada al *Objeto de estudio*.[4]

3. Para más detalle, ver Parte 4: La tesis de éxito. En el Capítulo 22 veremos con mayor profundidad este concepto.

4. Ibidem.

Si se decide trabajar en una muestra (si el estudio es cuantitativo) que incluya un grupo reducido o específico de análisis, se deberán establecer claramente los criterios de selección de la muestra; para ello te recomiendo elaborar un cuadro que organice las características mínimas que deberá reunir la muestra para incluirlo en el estudio. Así mismo, como parte de este cuadro, es necesario detallar las características en las que algún candidato deba quedar fuera de la muestra.

Cuando se trabaja con seres humanos, se recomienda establecer con claridad si el estudio involucrará menores de edad, y en ese sentido cómo será el proceso de selección y la carta de aceptación de los padres o tutores para que los menores participen en dicho estudio. Tal vez te parezca prematuro definir estos aspectos. Te recomiendo que continúes leyendo para que lo asimiles y pongas un *post it* a esta página con tu anotación y regreses a revisar este aspecto más tarde, cuando lo consideres pertinente.

Algunos países cuentan con regulaciones en torno al desarrollo de investigaciones científicas que involucre trabajar con seres humanos, donde se garantiza su privacidad, derechos y responsabilidades éticas del investigador para interactuar con ellos. En mi experiencia esto fue revelador en mi investigación en Canadá, donde el marco ético para trabajar con seres humanos establece, por ejemplo, una remuneración después de participar en una entrevista, la identidad e información de las personas debe mantenerse resguardada y en extrema privacidad, se requiere cuidar ciertos protocolos de interacción, entre otros aspectos. Para esto, me fue requerido acreditar el curso *Tri-Council Policy Statement tcps 2: core* (Curso de ética de la investigación que involucra a seres humanos), además de pasar el guion de entrevista de investigación por el Comité Ético de la Universidad.

Sin embargo, en otros países, no se cuenta con este marco de trabajo. Considero, que debería ser una práctica ampliamente utilizada y valdría la pena que lo tomaras como referencia para proceder cautelosa y respetuosamente con los grupos de trabajo que integres en tu investigación. Incluso tomarlo como referencia para promover que se cubran este tipo de vacíos en las instituciones locales pertinentes.[5]

También es importante que el investigador/a establezca un marco de trabajo y alcance pertinente, no puede suponer escenarios a los que no tiene acceso o no es realista en cuanto el alcance y los tiempos que se tienen para realizar dicha investigación tanto de maestría como de doctorado. Es importante que el investigador/a sea sensible a las líneas y directrices del fenómeno real que decide investigar, por lo que se sugiere que realice un acercamiento preliminar, que le consientan acercarse al objeto de investigación y conocerlo mejor, para entonces, poder elaborar y establecer su borrador de tesis o su protocolo de investigación.

5. Abre tu curiosidad y consulta más acerca de este tema: https://ethics.gc.ca/eng/policy-politique_tcps2-eptc2_2018.html. Esta otra liga https://tcps2core.ca/welcome es un tutorial en línea del tcps: 2 core, que te permitirá acceder a la introducción de la segunda edición de la Declaración de política del Tri-Council: Conducta ética para la investigación que involucra a seres humanos (tcps 2). Si es la primera vez que accedes a tcps: 2 core, te sugiero que hagas clic en la Guía del usuario de core para obtener algunos consejos sobre cómo navegar por los módulos.

Tip #2

Es importante que el investigador/a exponga de manera clara los criterios de selección de la muestra si es una investigación cuantitativa, y si es cualitativa los criterios para seleccionar las poblaciones, es importante que también explique por qué se excluyó o se decidió incluir ciertos fenómenos del campo de investigación que se están abordando, así como el tiempo y espacio de la investigación.

3. Evitar la deserción

Pasemos a otro asunto importante. Tiempo atrás leí un informe sobre la educación superior en América Latina y el Caribe entre los años 2000 y 2005 (International Institute for Higher Education in Latin America, 2006), el cual menciona el porcentaje de universitarios con estudios incompletos entre 13 y 16 años de escolaridad. Los datos por país son pavorosos: 15.5% en Bolivia, 10.7% en Brasil, 6.9% en Colombia, 6.0% en México, 5.5% en Panamá, 2.4% en Paraguay, 19.8% en República Dominicana y 5.2% en Venezuela.[6]

6. Este estudio se elaboró con base en los informes nacionales y presentaciones en el Seminario Internacional Rezago y Deserción en la Educación Superior, organizado por cinda, iesalc y la Universidad de Talca, en Chile, en septiembre del 2005

Veamos el siguiente cuadro de eficiencia de titulación promedio para los últimos cinco años según el área de conocimiento y por país del mismo estudio.

Países	Promedio del último quinquenio										
	Agropecuaria	Arte y Arquitectura	Ciencas Básicas	Ciencias Sociales	Derecho	Humanidades	Eduación	Tecnología e Ingeniería	Salud	Administración y Comercio	TOTAL
Argentina							17,6				17,6
Bolivia											26,7
Brasil	60,6		48,0		65,5		87,7	57,0	76,2	51,0	
Chile	36,0	36,7	40,2	54,6	21,5	20,0	72,9	51,1	62,5	50,6	46,3
Colombia											49,9
Costa Rica	30,0	34,0	35,0	49,0	48,0	28,0	64,0	34,0	50,0	40,0	46,0
Cuba	70,5	74,0	76,8	84,0	81,0		65,2	76,3	80,8	91,4	75,0
Guatemala	30,5	8,6	8,3	10,6	25,9	22,4	11,0	14,70	21,10	13,5	17,2
Honduras				39,0			13,9	13,5	21,4		
México	44,0		36,0	50,0		39,0	39,0	40,0	57,0	50,0	47,0
Panamá	26,0	42,0	70,0	82,0	76,0	30,0	66,0	56,0	71,0	57,0	58,0
Paraguay*	46,0	93,0	35,0	59,0				54,0	82,0	62,0	67,0
R. Dominicana	27,0	15,0	17,0	22,0	29,0	15,0	43,0	14,0	34,0		24,0
Uruguay**	52,6	20,0	15,20	13,80	27,6	4,8		33,2	40,6	27,0	28,0
Venezuela	37,4	43,5	23,7	57,8	66,7	25,7	25,3	38,6		53,6	56,9
Promedio	41,9	40,8	36,8	47,4	49,0	23,1	48,8	38,5	54,2	49,6	43,0

Cuadro 1.

Fuente: Elaborado sobre la base de los informes nacionales IESALC.

Notas* Solo considera Universidades Públicas,

** Solo Universidad Estatal

Para el caso de España, según el avance de la Estadística de Estudiantes, el número de matriculados en universidades ibéricas en el curso 2017-18, subió 0.7% respecto al año anterior, registrando más de un millón y medio de alumnos inscritos. El mayor incremento se observa en estudios de doctorado (10.9%), seguidos del máster

7. Consulta: https://www.ine.es/prodyser/espa_cifras/2019/16/#zoom=z

(7.8%). Si se compara a España con otros países de Europa, esta última nación presenta 2.6 graduados doctores en 2016 por cada mil habitantes, mientras que el promedio de la Unión Europea es 2.1 por cada mil. Fijémonos en otros casos: Eslovenia, 13.8 por cada mil; Dinamarca, 3.2 por cada mil; Reino Unido, 3.1 por cada mil; Alemania, 2.8; finalmente Suecia, 2.7 por cada mil abitantes, respectivamente (ines, 2016).[7]

En otra fuente consultada y para el caso mexicano, las cifras más recientes reportadas por el inegi (2000) indican que entre los años 1991 y 1997, el porcentaje de bachilleres de ambos sexos que ingresaron a la licenciatura universitaria y tecnológica presentó un comportamiento variable. En el año 1993, ocho de cada diez preparatorianos continuaban sus estudios profesionales; para 1995 la proporción descendió a siete, y en 1997 es nuevamente casi ocho, con una diferencia de 13 puntos porcentuales entre los sexos, 82.6% hombres y 70% mujeres.

Presentado de otra manera en otro estudio (Pérez, 2006), respecto a la eficiencia terminal en programas de licenciatura específico para México, arroja los siguientes resultados:

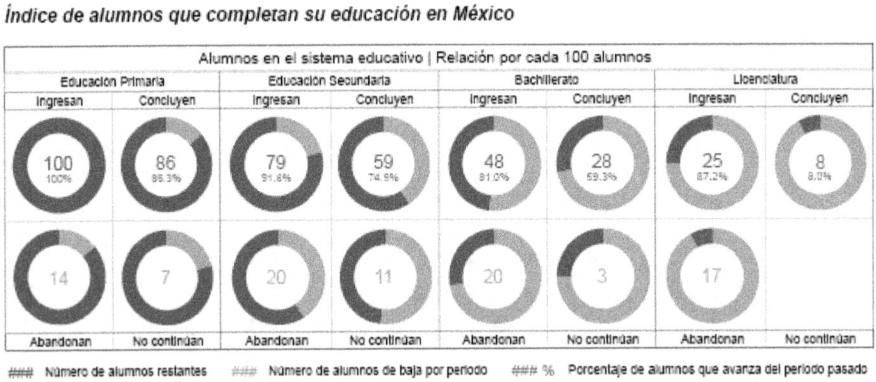

Índice de alumnos que completan su educación en México

Figura I. Trayectoria académica y eficiencia terminal en México

Con base en datos de la Secretaría de Educación Pública de México correspondientes a 2003, durante el sexenio de Vicente Fox Quesada.

Crédito gráfico: Andrés Rodríguez Von Hauske

Los resultados que acabamos de leer reflejan el tamaño del reto en América Latina y en general en el mundo para mejorar el éxito universitario y los niveles de titulación y conclusión de estudios de licenciatura y posgrado. Y esta también es una meta que planteé cuando decidí escribir este libro, contribuir de alguna manera a disminuir la descersión y esa será mi mayor satisfacción y espero lograr alcanzar ese logro y apoyar a más estudiantes.

4. ¿Por qué hacer una tesis?

Una tesis es un momento muy importante en la vida de todo estudiante. Esto hay que verlo como un reto, como un paso hacia la superación y consolidación de muchas capacidades de un profesionista. No lo veas como una carga. Imagina dónde quieres estar dentro de unos años; tu tesis de investigación ya sea de licenciatura, o posgrado, es una oportunidad de especializarte en algo, de hacerte experto en un tema o en determinado aspecto de una disciplina. La investigación te permitirá experimentar el método científico para construir nuevo conocimiento. Un individuo que aspire a estudiar una maestría o un doctorado debe ser consciente de lo que ello representa para su carrera profesional, para la sociedad y para su país.

Tip #3

El tema que decidas seleccionar deberá ser uno que verdaderamente te apasione. Visualiza en qué tema o en qué área deseas trabajar hacia el futuro, por lo tanto, concibe esa dirección profesional para los próximos años.

En ocasiones cuando los alumnos entran al primer semestre de la licenciatura, no están seguros qué carrera quieren realmente estudiar o en qué ámbito quieren ejercer o las especialidades que deberían considerar. Pero también hay muchos que lo tienen claro desde el día uno. Para cuando un estudiante decide emprender una maestría o un doctorado, debe saber a qué se quiere dedicar los siguientes años y debe de apostar a ello categóricamente. No es momento para seguir titubeando. Visto de otra manera, también es una oportunidad de redireccionar tu carrera y corregir el rumbo en el caso que hayas elegido una licenciatura que no te haya llenado del todo, y si estás dentro de la misma área, la maestría te permitirá redireccionar hacia un tema de tu interés.

Es necesario que los estudiantes que van o están realizando una tesis, entiendan que cuando emprendemos el trabajo de desarrollar una investigación científica, debemos asumir que enfrentamos el reto de planificar diligentemente cada etapa del proceso investigativo que realizaremos: desde la selección y delimitación de un tema de investigación, la formulación de los objetivos y el planteamiento del problema, hasta el desarrollo de la perspectiva teórica, la estrategia metodológica, la recolección y análisis de datos, la elaboración de los informes concluyentes y la presentación de resultados. Esto es un recorrido profundo y de largo alcance. Temas que revisaremos a mayor detalle en los siguientes capítulos.

Tip #4

Toma plena conciencia del proceso investigativo, este requiere planificación y la toma de decisiones determinadas en función de las metas de indagación perseguidas.

Lo que sí no te puedes permitir, es elegir el tema de investigación que a tu tutor le interese, y te "utilice" para desarrollar investigaciones propias de su atención. En ocasiones he observado que esto pasa en algunas universidades. Sé firme con tu decisión y sé fiel al tema que deseas investigar, además que te apasione y te motive.

Que la selección del tema no te agobie ¿Cuál sería el tema en que gustaría enfocarte y que además puedes disfrutar investigándolo? Te propongo que hagas "un plan de viaje" y visualices como una oportunidad, un recorrido de aprendizaje donde desarrollarás y fortalecerás muchas habilidades, visualízalo como un proyecto de mediano y largo plazo.

Para ello te propongo la siguiente actividad. Escribe tres cartas.

La primera dedicada a ti mismo para el día que logres culminar la defensa de tu tesis, dependiendo del tiempo de duración del programa que hayas elegido cursar. Esta carta la escribe tu Yo actual a tu Yo del futuro. Y escríbete lo que le deseas para esa nueva etapa que inicia, una vez terminada la tesis y después de haberte titulado. Felicítate y redacta los sueños y deseos que tienes el día de hoy para que recuerdes el ahora, en el día de titulación, que se ve lejano en el futuro.

La segunda carta será dedicada a tú Yo del futuro en diez años. Digamos que, si hoy tienes treinta años, qué te gustaría decirle a tu Yo de los cuarenta años y cómo te visualizas en tu carrera, qué sueños aspiras haber alcanzado y qué compromisos estableces para convertirte en ese Yo futuro en que sueñas convertirte. Describe en esa carta cómo te visualizas para entonces y qué metas específicas te gustaría lograr con tiempos y alcanzables tangibles.

La tercera carta es para tu Yo del futuro en veinte años. Y repetimos el mismo ejercicio anterior, pero ahora visualizando en cómo te ves dentro de veinte años y por qué este viaje que inicias el día de hoy en tu posgrado será importante para impulsar esa meta que te propones de largo plazo. Te pido que hagas este ejercicio el día de hoy, que no lo dejes para mañana y que te des el tiempo y espacio para hacerlo. Elige un lugar sereno y tranquilo, donde haya comodidad. Tal vez, escríbelo mientras contemplas el atardecer o más tarde en lo que disfrutas tu té favorito en un lugar inspirador. Que sea un momento que te regalas en tu vida y disfruta este proceso. Habrá quienes prefieran salir a dar una caminata a un parque o a un bosque a reflexionar y meditar estas preguntas potentes antes de redactar las tres cartas.

Tip #5

Aplica el método smart (Specific, Measurable, Attainable, Relevant and Timely, en inglés) para escribir tus tres cartas.[8] Específico, medible, alcanzable, relevante y con un marco de tiempo determinado.

8. Acércate a conocer la metodología: https://corporatefinanceinstitute.com/resources/knowledge/other/smart-goal/

Estas cartas te ayudarán en momentos clave. Colócalas en un sobre sellado y dirígelas a ti mismo: Indica tu nombre y la fecha en que deberán ser abiertas. Comenta acerca de estas cartas con tus familiares y amigos para que te recuerden de ello e indica el recordatorio en tu agenda móvil, aplicación o Outlook, para que tengas un recordatorio en tres, diez y veinte años. Asegúrate que dichas cartas estén en tu **cajón de cosas importantes**.

Tal vez te parecerá un ejercicio trivial, pero créeme es un ejercicio poderoso. Cuando cumplí dieciocho años, hice este ejercicio para mi Yo futuro cuando tuviera treinta años de vida. Más tarde, a mis 29 vueltas al sol atravesé por un momento complicado donde me sentía en una profunda crisis y me encontraba contrariado. De pronto, revisando mi cajón de cosas importantes, me encontré con la carta. Cuando la abrí y releí los tres objetivos que me había planteado, me di cuenta de que no había logrado ninguno. Había desviado mi camino y puesto otras prioridades. El rencuentro con esa carta que me recordó mi Yo de 18 años, fue sorpresivo y me dejó helado. Fue un momento muy fuerte que me trajo al presente mis sueños que tuve desde muy joven. Al mismo tiempo, me sorprendió lo determinado y claros que estaban mis objetivos. Me sentí frustrado porque no había logrado los objetivos planteados. Pero, por otro lado, ese día tomé el coraje necesario y me dije: "no puedo defraudar a ese joven de dieciocho años con grandes sueños por alcanzar". Tomé mis cosas y en ese momento tenía claro qué seguía para mí, la ruta de viaje estaba trazada y la dirección era clara. Cinco años más tarde, me encontré entrando a mi nueva casa con una satisfacción plena y lleno de felicidad porque después de reenfocar mi vida a los tres grandes sueños que me había propuesto en mi juventud los había cumplido al encontrar la carta en el momento justo. No son suficientes las palabras para describirte la gran satisfacción de logro y plenitud que logré alcanzar en ese momento de sentir que me había cumplido a mí mismo y lo orgulloso que me sentía. Fue un momento clave en mi vida que continúo atesorando hasta este momento.

El motivo y mayor legado que quisiera dejar con este libro es poder ayudar a cientos o miles de jóvenes a inspirarse y lograr sus metas por complicadas que éstas parezcan. En motivarlos a seguir adelante, a no tirar la toalla e impulsar el grado de éxito en sus carreras profesionales. Tu éxito estudiantil será mi satisfacción, por favor, te pido que compartas conmigo cómo este libro logró impulsarte en ese momento clave y cómo algún consejo te ayudó en el momento o tema, justo cuando lo necesitabas. Puedes hacerlo dejando algún comentario en mi canal de YouTube: Coaching Universitario, muchas gracias.

5. ¿Cómo elegir el tema y pregunta de investigación?

. . . .

La elección de un tema de investigación es muy importante, y forma parte de un proceso que no debe tomarse a la ligera, así que toma el tiempo que necesites para dilucidarlo. Es importante que te preguntes: ¿Cuál es la problemática que vas a abordar?, y con ello comenzar a definir tu propuesta de investigación.

La elección de un tema de investigación es muy importante, y forma parte de un proceso que no debe tomarse a la ligera, así que toma el tiempo que necesites para dilucidarlo. Es importante que te preguntes: ¿Cuál es la problemática que vas a abordar?, y con ello comenzar a definir tu propuesta de investigación.

Te comparto mi experiencia. En mi generación de doctorado dos compañeros decidieron tirar a la borda su trabajo y a la mitad del segundo semestre cambiar de tema de investigación, para empezar de cero una vez más. Otros decidieron reenfocarlo y se dieron cuenta que ese tema que habían elegido no lo dominaban y además no iban a tener acceso al trabajo de campo que se requería para ello. Bajo esta premisa, reitero que visualices hacia adelante, y para ello te hago algunas preguntas que tienen como intención guiarte en la elección de tu tema y en tu pregunta de investigación:

El tema y pregunta, ¿son relevantes, importantes y pertinentes?

¿Tienes conocimiento de base al respecto?

¿Sabes en qué va la discusión y los últimos hallazgos, descubrimientos o planteamientos de dicho tema?

¿Tendrás acceso al lugar y a los sujetos involucrados para tu trabajo de campo?

¿Esta investigación apoyará tu desarrollo profesional hacia la trayectoria que quieres lograr?

¿Te apasiona el tema y te visualizas trabajando en torno a él los próximos años?

La universidad elegida, ¿cuenta con especialistas en el tema de investigación?

El problema que elijas debe ser concreto; dimensiona que sólo tienes margen de unos cuantos meses para encontrar la respuesta o llegar a tus conclusiones. Te sugiero que trates una problemática con la cual tengas contacto por razones de tu experiencia previa, ya sea por tu trabajo o relativa a temas con los que hayas colaborado de manera voluntaria y tengas cierta experiencia.

Si se cuenta con experiencia en un tema, será más factible identificar una problemática.

Asegúrate que tu tema y pregunta no hayan sido ya resueltos en otras tesis tanto en español, como en inglés.

Es necesario estar al tanto de hallazgos recientes. Hay tesis que dejan temas abiertos para investigaciones posteriores y esto es un buen punto de partida que podrías aprovechar como tema de investigación. También puedes realizar una búsqueda en otras tesis y revistas científicas, para verificar que tu pregunta no haya sido ya resuelta, o que sea ya un tema ampliamente investigado. Una vez que se asegure que la pregunta de investigación aún no ha sido respondida, te recomiendo que también hagas lo propio en una búsqueda en inglés, esto te ayudará a determinar si la pregunta planteada es todavía pertinente.

Una vez que te sientas más seguro del tema y de la pregunta de investigación, entonces es el momento de establecer un marco teórico o conceptual, un marco legal o jurídico, si aplica, y en el descriptivo presentar qué o cuál es el problema que planteas y la ruta de investigación preliminar sugerida.

En este momento es importante que hagas una selección estratégica de las últimas investigaciones de tu tema. Información que podrás encontrar en revistas científicas, libros y repositorios de tesis, te recomiendo buscar en varios países y que ordenes cronológicamente dichas investigaciones. Una vez que has seleccionado al menos de entre treinta a cincuenta artículos, tesis y libros, sigue mis recomendaciones:

1. Selecciona lecturas de cinco años atrás a la fecha actual, y lee de manera cronológica según tu primera selección de documentos.

2. Subraya a los autores más citados entorno al tema, y haz una búsqueda y lectura de las investigaciones más citadas por los autores que identifiques que citan principalmente.

3. Identifica en qué va la discusión del tema a abordar y los referentes conceptuales que deberías tratar.

4. Identifica posturas, algunos temas pueden tener dos posturas de ellas que se contraponen, entonces establece qué autores y qué investigaciones soportan un punto de vista de la discusión y en contraste cuáles autores y qué investigaciones soportan el otro.

Aquí te doy un ejemplo:

Tema de investigación: *Los efectos en la salud de los niños de las primarias rurales cuyas escuelas se encuentran a un lado de sembradíos rociados con alto contenido de agroquímicos y pesticidas, comparando escuelas aledañas a cultivos con pesticidas y escuelas aledañas a cultivos orgánicos sin pesticidas.*

En el marco teórico debes identificar todas las investigaciones que argumentan a favor de los pesticidas diciendo que éstos no tienen efectos nocivos en la salud o que dichos efectos son mínimos; en contraste deberás identificar a los autores e investigaciones que han demostrado que sí hay efectos nocivos a la salud y cuáles son éstos en la salud humana ante la exposición de agroquímicos y pesticidas.

En un ejercicio similar pero visto desde la perspectiva de transgénicos, mis compañeros de maestría y yo identificamos que algunos autores que desarrollaron investigaciones a favor de los alimentos transgénicos fueron financiados por la empresa Monsanto. Así, al identificar esta controversia en la investigación científica, nos dio un interesante y potente punto de partida para iniciar la discusión.

Lo que quiero que veas con claridad es que, si hubieras desarrollado tu investigación sólo con autores a favor de una sola postura, sin identificar la controversia en el tema, tu investigación hubiera resultado sesgada o limitada. Si alguien con un conocimiento amplio leyera el marco teórico e identificara que sólo se cita una parte de las dos posturas, la investigación perdería credibilidad y rigor académico, por lo que no la seguiría leyendo o tomando en cuenta en sus hallazgos.

Tip #7

Si existe controversia alrededor del tema, asegúrate de conocer y documentar las dos posturas, además de citar a los autores pertinentes de ambas perspectivas.

6. Define una estrategia para elegir tutor y universidad

En mi experiencia como docente he sido testigo de que algunos aspirantes a estudios de maestría o doctorado, hacen su tesis sobre un tema impuesto por el profesor o tutor. Sin duda esto es algo que se debe evitar. Ciertos tutores utilizan a sus estudiantes para que abonen a sus propios trabajos de campo y experimentos, y los encausan a los temas que a ellos les interesan, o que ellos desean desarrollar.

Sin embargo, es común en los posdoctorados, publicar las vacantes y si el proyecto de investigación del profesor consigue los fondos, entonces puede abrir convocatorias para temas específicos donde estudiantes que deseen realizar este grado se integren a colaborar. No obstante, en el caso de las maestrías y los doctorados, es el estudiante quien debe establecer su tema y preguntas de investigación.

Volvamos al punto inicial: si eliges un tutor que te sugiere algún tema, podría ser resultado de su experiencia, ya que son temas que domina y se siente cómodo dirigiendo. Éste podría ser un criterio honesto, porque ambos se beneficiarían del conocimiento aportado por el tutor, pero tú deberás plantear tus prioridades, intereses y dirección de tu investigación a partir de ello.

Por otro lado, también hay profesores que no quieren dirigir tesis de temas demasiado trillados o estudiados porque demerita su trayectoria de investigación y lo pueden percibir como una pérdida de tiempo; por ello es importante hacer una exploración o búsqueda previa del estado de la cuestión, como fue planteado anteriormente.

Como parte de tu estrategia para elegir universidad, te invito a explorar los perfiles de los profesores investigadores, sus publicaciones y sus temas de especialidad, también podrías enviarles un correo electrónico con el protocolo de investigación, solicitando una cita para entrevista y platicar las posibles perspectivas de asesorar la investigación planteada, o incluso solicitar sugerencias de algún otro profesor especializado en tu tema.

Un tercer caso son los profesores que se encuentran realizando investigaciones alrededor de temas que demandan diferentes etapas de investigación y procesos sucesivos, por lo que necesitan más datos y deciden utilizar el apoyo de doctorandos o maestrantes, como miembros de su equipo de trabajo. Científicamente se justifica este seguimiento, ya que la investigación que el doctorando realice contribuye a un proceso más amplio, y de interés colectivo. Ten cuidado, existe el riesgo de convertirte en un ayudante, con una participación modesta, lo que evitará que desarrolles tu propia capacidad para plantear problemas de investigación y determinar la metodología adecuada.

Tip #8

Es importante que revises con antelación los requisitos y plazos del programa, para que apliques con el suficiente tiempo. De esta manera podrás reunir todos tus documentos, tanto papeles comprobatorios solicitados por el programa, como entrega de un protocolo de calidad, exámenes, entrevistas y otros requisitos que se establecen para tu admisión.

A continuación, te comparto mi método de cinco puntos para que establezcas una estrategia en la elección de tema, tutor y universidad.

a) Busca que tu tema, objetivos y pregunta de investigación sean de tu genuino interés, que estén relacionados con tus estudios previos, donde ya tienes cierta experiencia y conocimiento.

b) Establece tu tema de investigación en un lugar específico (dónde) identifica con qué actores o grupo de estudio deseas trabajar (quiénes), que estén a tu alcance físico y que al menos tengas algún contacto o relación con alguien clave, para poder acercarte tanto a ese grupo de estudio como a ese lugar.

c) Determina un marco de trabajo alcanzable en el tiempo del doctorado o maestría y que además sea compatible con los temas de investigación del programa. Identifica qué temas se abordan y qué profesores, doctores y/o especialistas hay en las instituciones que deseas estudiar. Te sugiero tener dos o tres opciones antes de aplicar, donde analices si tu tema de investigación es compatible con los temas del programa y si hay profesores especialistas que sean cercanos a dicho tema. También puedes revisar los repositorios (tesis publicadas en años anteriores) de las universidades.

d) Revisa el cuadro metodológico para tu protocolo de investigación, hazlo compatible con la experiencia de los profesores tutores y las líneas de investigación del programa que estás aplicando.

e) Finalmente, examina si para el área o el tema que estás interesado hay becas disponibles tanto gubernamentales o de instituciones privadas, no te limites en tu búsqueda. Hay países que dan prioridad a ciertos temas, y por lo general las maestrías y doctorados en temas socioambientales, tecnológicos y de salud, suelen contar con más apoyos, por encima de otros temas como el área de negocios.

 **Tip #9**

Amplía tu panorama y revisa varias universidades y programas. Analiza si tu tema es compatible con el programa, si éste cuenta con los recursos necesarios para que puedas desarrollar a través de él tu investigación y si hay doctores o investigadores afines a tus temas.

Una vez que hayas identificado los elementos del Tip #9, te recomiendo diseñar una estrategia de ruta para que realices tu protocolo de investigación, revises los requisitos del programa, los tiempos y plazos para que apliques y puedas ser candidato para ingresar a uno de ellos.

 **Tip #10**

Al menos aplica a dos universidades y luego bajo tu criterio elije la que consideres mejor, si ambas te aceptan. Considera que ya tienes un protocolo de investigación, sólo tendrías que hacer ajustes mínimos. Por el contrario, si sólo aplicas a una institución y no eres admitido, tendrás que esperar otro año para volver aplicar, lo que implica actualizar tu protocolo y reunir documentos nuevamente.

Ya que has elegido tu programa de estudios, y te hayas asegurado de que cuenta con profesores tutores de esa línea dónde investigación, así como que estés seguro de que cumples con los requisitos y plazos del programa, ahora sí, estás listo para iniciar tu aplicación, elaborar tu protocolo de investigación y presentar tu candidatura al programa que hayas elegido.

7. ¿Por dónde empezar? Inicia tu búsqueda de manera eficiente para tu protocolo

. . . .

El reto de hacer una tesis, esto es una investigación impulsada por la curiosidad propia del ser humano para aclarar o descubrir algún fenómeno, es un período de mucho aprendizaje. El reto de iniciar un posgrado de investigación requiere de un ejercicio de una cierta disciplina y de una carga investigativa para buscar esclarecer el interés sobre el objeto de estudio. Puede ser abrumador tratar de explicar por dónde empezar ante tal cantidad de información disponible hoy en día y te entiendo perfecto. Ahora bien, para iniciar este proceso te comparto mi método para iniciar la búsqueda de tu información y determinar por dónde empezar, lo importante es saber seleccionar información pertinente y realizar una búsqueda efectiva para no perder el tiempo ante un mar de artículos científicos, libros y recursos en general.

A raíz de la cantidad de información global al alcance de una búsqueda estratégica en Internet que hoy tenemos, además de la gran ola de producción de contenidos generado en las últimas décadas, podemos darnos cuenta de que vivimos uno de los momentos más extraordinarios, pero también lleno de desafíos. Hoy sabemos, por ejemplo, que hemos superado la cantida de información y conocimiento que se ha producido en el siglo pasado de manera conjunta.

Una vez que tengas claro tu tema de investigación a desarrollar, te recomiendo tres pasos clave para empezar con el pie derecho e iniciar tu protocolo de investigación, o comenzar directamente la investigación.

    I. Búsqueda inteligente por Internet

    II. Búsqueda efectiva en la biblioteca

    III. Compra o renta de libros

I. Búsqueda inteligente por internet

Vamos por partes, como primer punto te recomiendo hacer una búsqueda de documentos base en Internet en tres lugares clave:

i. Directamente en los repositorios de otras universidades prestigiadas en tu tema de investigación. En las páginas web de las universidades puedes hacer búsquedas de tesis de investigación o repositorio de investigaciones. Busca las tesis por medio de la palabra clave o por tema. Revisa los títulos y los índices de la primera selección. La gran mayoría te permite obtener acceso al pdf de las investigaciones, entonces selecciona de tres a cinco documentos de universidades diversas, pueden ser algunas en español y otras en inglés.

ii. Abre la plataforma Google Scholar o Google Académico en tu navegador.[9] En la búsqueda indica la palabra clave o una frase que contenga esa palabra clave de tu tema. Por ejemplo, cuando hice mi maestría y realicé la búsqueda del concepto Agroecología, el servidor me arrojaba más de 93,000 recursos, ¡una barbaridad! Sin embargo, si indicaba Servicios ecosistémicos en la Agroecología los resultados bajaron a 7,060 documentos. Del lado izquierdo de tu pantalla te aparecerá un recuadro que indica "cualquier momento" y en esta sección puedes indicar el rango de años de la búsqueda, así que puedes seleccionar "intervalo específico", por ejemplo, indicar la búsqueda de documentos en el periodo 2018-2020. El motor de búsqueda te arrojará solo documentos publicados en ese intervalo específico.

Debajo de cada resultado encontrarás los siguientes íconos e información: una estrella (te permite guardar este artículo como favoritos), comillas (te proporciona tres formatos para citar el artículo), Citado por "X" (te indica el número de veces que este documento ha sido citado, lo que nos habla del impacto y la relevancia del estudio publicado), artículos relacionados (encontrarás otros documentos que hablan o han citado el documento).

Tip #11

En tu búsqueda inicial, selecciona un intervalo de tiempo de los últimos cinco a diez años recientes. Pero un rango de lo que se ha publicado en los últimos cinco años sería más relevante para que establezcas un punto de partida de tu investigación (ver Figura 1).

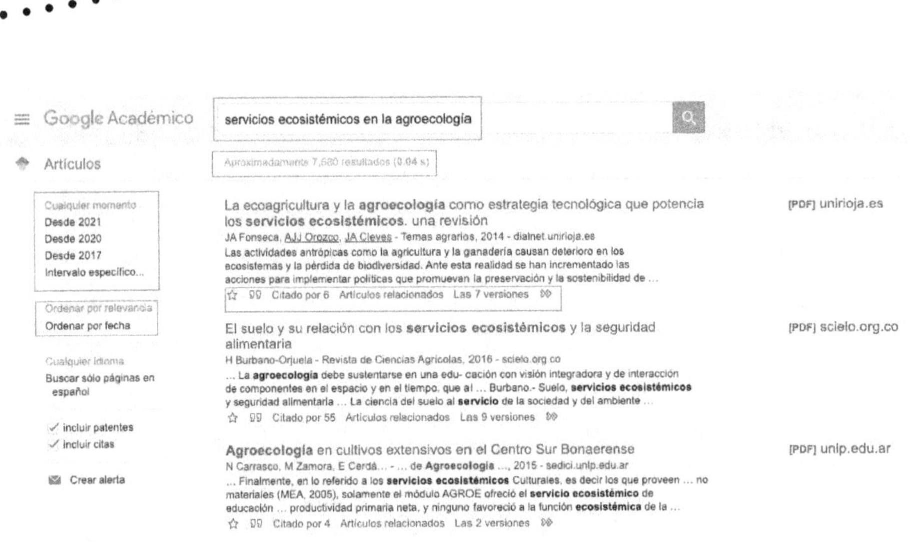

Figura 1. Resultados arrojados de búsqueda en Google Scholar

Fuente: Google Scholar, Servicios ecosistémicos en la agroecología, recuperado el 2 de septiembre de 2020 en: https://scholar.google.es/scholar?hl=es&as_sdt=0%-2C5&q=servicios+ecosist%C3%A9micos+en+la+agroecolog%C3%ADa&btnG=

Hagamos el siguiente ejercicio, ubica tu cursor en el motor de búsquedas de Google Académico, agrega una palabra que acote aún más el tema de investigación alrededor de tu tema de interés; en mí caso agregué la palabra medición, para conocer resultados cuantitativos de los servicios ecosistémicos provistos por la agroecología, entonces redacté: Medición de los servicios ecosistémicos en la Agroecología, y en esta búsqueda me arrojó 3,690 recursos. La mitad de la búsqueda anterior. Recorre la lista de resultados y selecciona solamente los más citados y cuyos títulos del documento identifiques que están relacionados y pueden aportar a tu tema. Abre los recursos de los artículos más citados en una nueva ventana, para que te sea fácil identificarlos y cerrar aquellos que no te interesan. Descarga en formato pdf únicamente los que consideres relevantes para tu búsqueda.

iii. La tercera búsqueda, al entrecomillar, por ejemplo, la misma frase "servicios ecosistémicos en la Agroecología", le indicas al buscador que arroje solamente los artículos y documentos que incluyan exactamente esa frase (ver Figura 2).

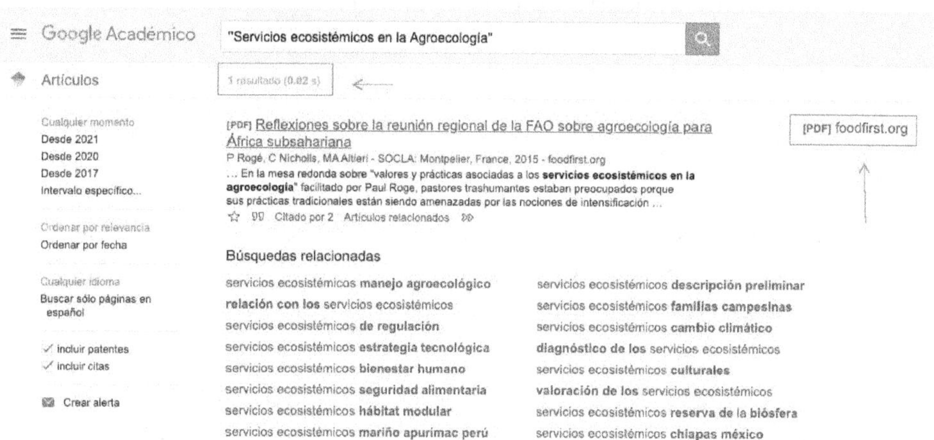

Figura 2. Resultados de búsqueda con frases específicas
Fuente: Google Scholar, Servicios ecosistémicos en la agroecología, recuperado el 2 de septiembre de 2020 en: https://scholar.google.es/scholar?hl=es&as_sdt=0%-2C5&q=%22Servicios+ecosist%C3%A9micos+en+la+Agroecolog%C3%ADa%22&bt-nG=

Como podrás observar en la Figura 2, el buscador identificó las palabras exactas y en la descripción aparece resaltada la frase entrecomillada que deseo encontrar. Y esto es importante porque a ti debe interesarte leer investigaciones previas que ya hayan abonado a conclusiones de tu tema de investigación; así podrás empezar a reunir argumentos.

En este único documento arrojado en la búsqueda, identifica quién lo publica, en este caso, como se puede apreciar en la figura anterior, del lado derecho se lee [pdf] Foodfirst.org. Es decir, quien publica este estudio es una organización sin fines de lucro, llamada Food First. En mi caso bajé el documento y fue clave a considerar en mi investigación.

En tu caso, si te aparece un autor o institución con el tema que estás buscando, te recomiendo que busques más recursos de ésta o estas fuentes. En mi caso fui directo a la página web de la organización Food First y bajé otros reportes e investigaciones que tenían en su página. Y una de las citas principales en mi investigación, la obtuve precisamente de uno de los documentos de esta organización.

Otros ejemplos de comando de búsqueda en Google Académico son:

i. Entrecomillado: al entrecomillar la búsqueda garantizamos que el motor busque todo lo que se encuentre dentro de ellas como resultado de la búsqueda

ii. Símbolo +: escribe "palabra clave" + "España", el resultado será la visualización de artículos que contengan el tema de la palabra clave y que además incluyan la palabra España. Al agregar el símbolo (+) el motor se enfoca en buscar los dos conceptos clave vinculados.

iii. Símbolo (-) : después de escribir una palabra clave seguida del signo menos (-), el resultado será la visualización de artículos que contengan las primeras palabras, y descartará los documentos que contengan la palabra posterior al signo. Por ejemplo "palabra clave" (-) "España", eliminará todo documento que contenga la palabra España.[10]

10. Para conocer más comandos te comparto la siguiente liga: https://www.microsiervos.com/archivo/internet/consejos-para-buscar-en-google.html

Cuando aparezcan los resultados de documentos, en el lado izquierdo de tu pantalla puedes seleccionar y ordenar los resultados por relevancia o por año. Los de mayor relevancia son los más citados, y si seleccionas organizar por año, los organiza en orden cronológico iniciando por los más recientes. Es importante también que sepas que cuando pongas palabras dentro de las comillas, no tengas ninguna falta de ortografía, para que tu búsqueda sea correcta.

Ya aprendiste a buscar utilizando el signo (+) y el entrecomillado, si los combinas como en el siguiente ejemplo: "agroecología" + "medición" + "servicios ecosistémicos" la búsqueda arroja sólo 622 resultados, bastante más manejables para identificar documentos que nos puedan interesar.

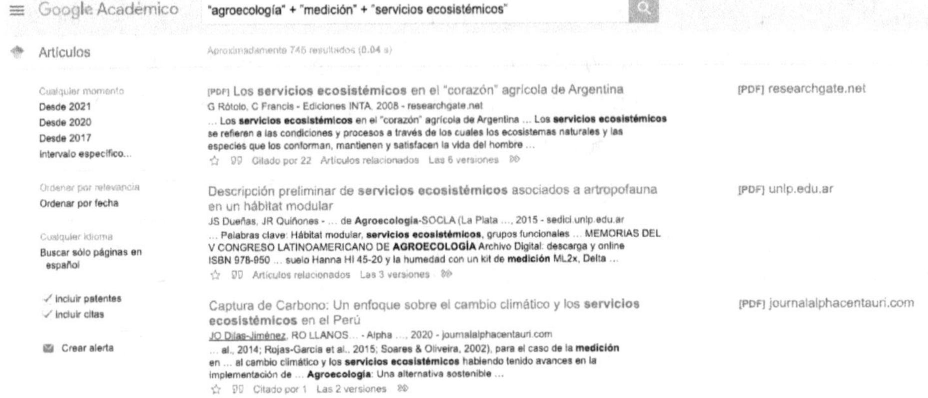

Figura 3

Fuente: Google Scholar, Servicios ecosistémicos en la agroecología, recuperado el 2 de septiembre de 2020 en: https://scholar.google.es/scholar?hl=es&as_sdt=0%2C5&q=%E2%80%9Cagroecolog%C3%ADa%E2%80%9D+%2B+%E2%80%9Dmedici%C3%B3n%E2%80%9D+%-2B+%E2%80%9Dservicios+ecosist%C3%A9micos%E2%80%9D&btnG=

Si te fijas en la Figura 3, sus resultados hacen que arroje datos de socla, un grupo de investigación; sin embargo, imaginemos que tal vez yo ya cuento con suficientes investigaciones de ellos. ¡Con unas cuantas ocasiones que practiques mi método de búsqueda, serás un crack!

Si por ejemplo agregamos a la búsqueda anterior un signo de (-) quedaría de la siguiente manera: "agroecología" + "medición" + "servicios ecosistémicos" - "SOCLA".

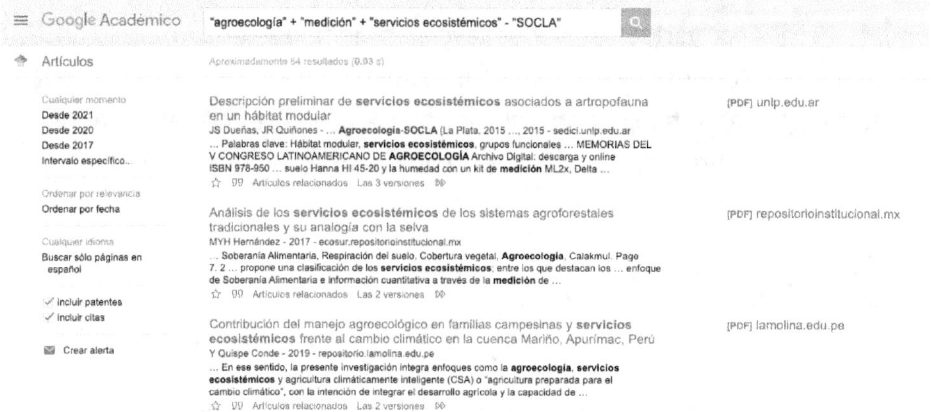

Figura 4

Fuente: Google Scholar, Servicios ecosistémicos en la agroecología, recuperado el 2 de septiembre de 2020 en: https://scholar.google.es/scholar?hl=es&as_sdt=0%2C5&q=%E2%80%9Cagroecolog%C3%ADa%E2%80%9D+%-2B+%E2%80%9Dmedici%C3%B3n%E2%80%9D+%2B+%E2%80%9Dservicios+ecosist%C3%A9micos%E2%80%9D+-+%22SOCLA%22&btnG=

Revisa la Figura 4 para que veas que hemos anotado otro bingo. Esta combinación arroja sólo ochenta y cuatro resultados. Al momento de colocar el signo de (-) y quitar uno de los grupos de investigación que más publica en torno a la agroecología, hemos pedido que nos mande sólo las investigaciones de las palabras clave pero que se han publicado fuera de este grupo de investigación.

Con este método redujimos el número de documentos de entre cientos de miles de resultados, a tener sólo entre uno y ocho documentos relevantes. Es mucho más sencillo revisar estos pocos documentos e identificar dos o tres investigaciones clave que te interese leer más adelante. Recuerda que en esta etapa no vas a leer los artículos o documentos; por ahora sólo leerás sus resúmenes y seleccionarás todos los que vas a guardar para consultar posteriormente.

Como podemos observar, en un par de horas de búsqueda inteligente podrás acceder a varios recursos clave para leer posteriormente. En este momento solo tienes que leer el título, quién pública, cuándo lo pública y cuántas personas lo han citado y si contiene las palabras clave que abonen a tu tema de investigación, eso es lo que nos interesa en este momento.

Tip #12

De tu primera revisión rápida selecciona de diez a 20 artículos o documentos, te recomiendo que leas los abstracts o resúmenes, para decidir cuáles guardar en tu carpeta especial.

Una vez que hayas seleccionado de diez a 20 documentos, organízalos en carpetas; éstas pueden ser por temas o por cronología. Yo me organizo mejor por tema, pero al momento de bajar el archivo cambio el nombre a "tema, autor y año"; con esto puedo identificar más rápido los documentos. Poco a poco empezarás a identificar a los autores o libros clave. Yo te recomiendo que por ahora sólo los descargues y no te distraigas en leer por partes. Organiza una primera tanda de documentos que te servirán más adelante.

Tip #13

Es crucial que desde el inicio mantengas todas tus fuentes de información organizadas. Esto mejorará tu trabajo y lo hará más eficiente ahorrándote tiempo y esfuerzo. Una plataforma gratuita que sirve para organizar bibliografía es Zotero.

Existen herramientas y aplicaciones que sirven para organizar tus archivos desde el arranque de tu investigación. Consulta en este libro **Mi método usando las Apps para incrementar mi productividad**, donde te compartiré las estrategias que me han sido de mayor utilidad.

Una herramienta útil en mis investigaciones es la tableta electrónica, ya que varios de estos artículos, documentos de investigación y publicaciones los guardé en formato pdf. Por la versatilidad de estas herramientas electrónicas pude sincronizar, subrayar y hacer anotaciones con varias aplicaciones. Además de ayudar a minimizar las impresiones en papel, ahorré en tinta de impresiones.

Tip #14

Utiliza la tableta para leer documentos cortos de revistas científicas, de entre tres a seis páginas, particularmente en tiempos muertos, por ejemplo, en las filas del banco, en el transporte público, en la espera al dentista, etc. De esta manera podrás aprovechar esos "tiempos muertos", para posteriormente hacer tus fichas de investigación.

Por otro lado, cuando tengas más tiempo y mejores condiciones de lectura, atiende los textos largos y redacta sus respectivas fichas. Adicionalmente, te invito a que anotes citas de autores que pienses que te servirán para soportar tu investigación y construir el estado de la cuestión. Es importante entonces que separes los textos cortos para que puedas concluir fácilmente su lectura.

De la selección de documentos que obtuviste, sepáralos en carpetas de textos cortos, medios y extensos. Los textos más cortos, como el que encontré de Food First tenía, por ejemplo, sólo tres páginas; éstos son ideales para que aproveches leerlos en tus tiempos muertos, porque conocerás más de tu tema de investigación. Tómalo como una rutina y prepárate porque seguramente en esta etapa leerás como hacía mucho que no leías. Pero al mismo tiempo, disfrútalo porque aprenderás mucho y ampliaras tu perspectiva enormemente.

Tip #15

Una vez que hayas leído varios documentos, revistas indexadas, tesis y publicaciones, dedica una sesión de sábado con calma y revisa los autores y referencias, los autores que más citan o los libros a los que más acuden los propios autores de los recursos que has leído. Ya que hayas identificado estos procesos compra o renta uno o dos libros que consultarás constantemente durante la construcción del tema de tu investigación.

En Google Académico sólo encontrarás documentos científicos y de investigación ya filtrados. Es importante que aprendas a hacer búsquedas eficientes en esta plataforma.

Tip #16

Utiliza comandos de búsqueda para reducir el número de resultados, de manera que encuentres información con mayor relevancia y precisión.

Recuerda que entre más resultados arroje tu búsqueda; será de menor calidad para lo que tú estás buscando. Por ello es importante que aprendas a hacer una búsqueda eficiente y filtres los documentos que te serán de utilidad, como te he mostrado en este capítulo. Te recomiendo evitar el uso de Wikipedia para tus proyectos de investigación, ya que se considera una fuente no confiable y poco seria.

II. Búsqueda efectiva en la biblioteca

Después de que hayas realizado tu primera búsqueda de recursos en línea con Google Académico, es recomendable que complementes tu búsqueda en la biblioteca; esto te ayudará a identificar autores o ciertos libros relevantes antes de acudir a este recinto. Ya con una lista de autores y libros ampliamente citados en los documentos en línea que revisaste y leíste sabrás por cuáles libros ir a la biblioteca. Vas a dar con los autores "clásicos" o "referencias obligadas", así que podrás llegar directo a los autores de libros que te interesa consultar.

Identifica las bibliotecas a tu alcance y considera las de tu ciudad, como: la estatal, de la universidad pública más importante de tu ciudad, la de tu propia institución. Toma en cuenta que algunas de ellas podrían tener su acervo para consulta digital, por lo que en muchas ocasiones al ir físicamente podrás encontrar computadores u ordenadores con motores de búsqueda. Coloca las palabras clave como te mostré en la sección anterior y haz una búsqueda por "autor" o por "título del libro", según los libros o autores de referencia obligada que identificaste en tu revisión previa, y que ya has descargado y leído.

Por ejemplo, en mi caso, fue sencillo identificar que para hablar de agroecología los autores obligados a buscar en la biblioteca fueron: Toledo, Altieri, Holt-Giménez, Sarandón, Nicholls, entre otros. Así que llegué a la biblioteca a revisar sus libros y lo referente a dichos autores.

No pierdas el tiempo: ve directo por los autores y títulos clave para tu investigación.

Toma en cuenta que también puedes hacer una tercera búsqueda por temas con palabras clave que ya identificamos, podría ser que encuentres alguna joya que no está disponible electrónicamente, pero sí en la biblioteca.

La ventaja de las bibliotecas es que son lugares agradables, normalmente silenciosos con buena luz y espacios adecuados para concentrarte y leer, te invito a que te tomes algunas tardes para acudir a ellas y disfrutar de esta etapa de tu investigación para conocer nuevos espacios dentro de tu ciudad.

Una vez que localices los libros, revisa el índice y con él identifica lo conceptos clave, antecedentes y conclusiones que te pueden servir para tu investigación. Saca copias, o directamente en tu laptop o tableta electrónica anota las citas, obtén referentes conceptuales y apuntes que te puedan servir. Recuerda también registrar los datos bibliográficos y de una vez capturarlos en tu aplicación. Un error que yo cometí y que me hubiera gustado que me dieran un tip para evitarlo es:

Cuando tomes notas y citas de referencias de libros que vas a consultar y no puedes sacar de la biblioteca, anota el número de página donde obtuviste la cita para indicarlo correctamente en tus citas bibliográficas y en tus fichas, así como toda la información que se requiere ingresar para las referencias bibliográficas. Así evitarás tener que volver a ir a buscarlos para completar la cita correctamente.

En lo general, en las bibliotecas de las universidades hay una sección de repositorio de tesis y puedes hacer una búsqueda de las más relevantes para tu tema. Si hay muchas tesis de tu tema, trata de revisar los resúmenes o ve directo a las conclusiones para filtrar cuál de ellas contribuye como referencia para tu propia investigación.

Tip #19

Elabora una bitácora de búsqueda, es decir, lleva un registro y orden de toda la información que vas a consultar o descargar. Puedes hacer un registro en Excel. Alimenta dicho formato cada vez que consultes algún texto.

Es necesario que ubiques y registres las tesis que traten el mismo tema que tú pretendes realizar, a fin de consultarlas, revisar sus objetivos de investigación y conclusiones. Una vez que identifiques las tesis pertinentes a consultar, será necesario que tomes nota de los capítulos que elaboraron otros investigadores, qué puntos trataron en su marco teórico, las referencias conceptuales que utilizaron, el problema que abordaron y cómo aterrizaron la problemática. Esto te dará una idea de las preguntas que rondan tu tema, lo que ya se ha investigado y las siguientes preguntas que son necesarias plantear.

Tip #20

Asegúrate que tu pregunta de investigación no se haya respondido ya en otra tesis, en otros países.

Es importante no copiar el capitulado, y ninguna sección de tesis registradas y terminadas ya que ello te podría acarrear graves problemas (plagio). Varias universidades establecen la baja inmediata y definitiva lo que te pondría en grave riesgo. Incluso si aún no has entrado y lo haces para elaborar tu protocolo de investigación, tu solicitud de ingreso sería rechazada, y si ya estás por terminar y titularte, o ya estás titulado, incluso se podría llega a la anulación del título, según lo estipule la universidad.

Revisa en otras tesis la bibliografía que otros investigadores consultaron, ya que aquí también podrías identificar a los autores y libros más citados, que pueden ser útiles para el desarrollo de tu trabajo, y que te convendría incluso comprarlos.

III. Compra o renta de libros

Una vez terminada esta etapa de primera búsqueda en línea y en bibliotecas seguramente tendrás suficiente información para iniciar y leer. Cuando hayas leído tu primera tanda de documentos de tu tema, entonces sería pertinente que determines los libros o autores que te convendría comprar, ya que se convertirán en tus libros de consulta de primera mano.

Siempre es más cómodo poder acudir a libros de referencia cuando sea necesario (al menos para mí), porque puedes poner *post-it* y hacer tus propias anotaciones, cargarlos contigo y no importa que se maltraten un poco. También adquiere otros libros que te servirán para aprender a hacer una investigación, como éste que tienes en tus manos. Este libro será una guía de consulta en muchos momentos de tu tesis y lo ideal es que lo tengas contigo para apoyarte en un tema en particular.

Hay otros libros de metodología de investigación, diseño de investigación, diseño y elaboración de herramientas para recabar datos, manuales para realizar metodologías participativas con las personas involucradas en tu investigación, hay incluso manuales para escritura académica o para la redacción de conclusiones y exposición de los hallazgos. Acércate a tu tutor para que te indique cuáles autores él/ella considera pertinentes para la metodología de tu investigación.

Mi canal de YouTube: **Coaching Universitario-Éxito y bienestar**, es otra herramienta donde te comparto información adicional y consejos cortos que complementan algunos temas de este libro. Si bien este volumen es más detallado y profundo, el canal complementa mi apoyo para lograr tu éxito y bienestar, con más consejos para tu investigación y tu proceso dentro de la universidad, así que si aún no te has suscrito te invito a hacerlo y compartirlo con tus compañeros de posgrado.

¿Cuál es el orden para leer tu selección de libros?

Si bien hay tesis experimentales, aún estas requieren que el investigador establezca los antecedentes del problema y los referentes conceptuales y teóricos alrededor de su tema de investigación, por lo que se requiere una indagación de contexto y por lo tanto recurrir a libros y documentos científicos publicados previamente serán parte de la metodología.

En este capítulo te sugerí un orden que a mí me ha funcionado; no quiere decir que ese orden sea el único, ni el que deba establecerse en toda investigación. Como bien señalé desde el inicio del libro, el objetivo es compartirte mis consejos y estrategias que me han resultado positivos. Este orden de investigar primero las revistas científicas, más recientes, y luego los libros, en lo personal me parece pertinente porque el tiempo que lleva redactar, revisar, maquetar, registrar y finalmente publicar un libro, es mucho más largo que el de las revistas científicas, ya que éstas están en constante publicación, por lo que a mí me parece el punto de partida, leer las revistas científicas que te permitirán conocer la actualidad de la discusión de tu tema de investigación y posteriormente identificar a los autores y libros pertinentes para solicitar en préstamo a la biblioteca, o incluso comprarlo.

Sugiero que esta estrategia de abordaje la discutas con tu tutor y lleguen a un acuerdo y ruta de ataque para que puedas plantear las lecturas de la investigación con las que debas iniciar.

Parte II

El arte de hacer
buenas preguntas

8. ¿Cómo hacer preguntas
de investigación?

. . . .

En mi experiencia como tesista considero que es un arte desarrollar la capacidad para elaborar buenas preguntas de investigación, y para que ésta sea buena debe de ser: pertinente, relevante en cuanto a tiempo y espacio, acreditada e inteligente; pero también sensible ante la realidad y los retos que hoy enfrentamos, acorde a las prioridades de la sociedad actual.

Es fascinante pensar que podemos generar preguntas que pueden provocar la creación de nuevo conocimiento, y la estrategia de nuestras investigaciones deberían de apuntar hacia esa dirección. La construcción de la pregunta será distinta según lo que se desee descubrir. No hay que suponer, no hay que intuir, hay que preguntar para revelar.

Hay momentos que cuando leemos las preguntas que otros estudiosos se hacen, nos despierta la curiosidad acerca de lo que estaban pensando. Nos incita a la curiosidad acerca de lo que está ocurriendo alrededor de una discusión global. Si es así, este libro ha cumplido con parte de su objetivo, porque quiere decir que ha despertado tu interés en hacerte preguntas poderosas.

Al hacerlo es importante no sólo para los investigadores, es útil sin importar lo que haces, las interacciones con otras personas, o a lo que te dedicas. Cada persona tiene algo valioso que compartir. Hacer preguntas poderosas puede invitar a otros a abrir una puerta para compartir conocimiento, ideas y pensamientos que pueden conducirnos a un nuevo nivel de colaboración e innovación. Por lo tanto, podemos ser catalizadores para crear conversaciones importantes.

Tip #21

Lo importante no es elaborar preguntas para tu hipótesis sino la relevancia de la pregunta y los temas que ésta puede resolver.

9. Define la pregunta de investigación

· · · · · · · · · · ·

En la investigación podemos tener dos enfoques, el cuantitativo y el cualitativo. En el primero medimos, dimensionamos, generamos escalas; en el segundo entendemos las cualidades y características. Dependiendo de si el enfoque es cuantitativo o cualitativo, éste impactará la redacción de la pregunta y la hipótesis de investigación.

En investigaciones cuantitativas sus características nos ayudan a medir cifras, estadísticas, porcentajes, entre otras, donde la Probabilidad y la Estadística se convierten en herramientas indispensables para determinar la hipótesis. Para la investigación cualitativa **puedes tener una pregunta elaborada y mientras desarrollas tu investigación seguramente podrán surgir nuevas preguntas secundarias**. Incluso puede arrojar preguntas para comprender mejor el objeto de estudio para futuras investigaciones. Este tipo de investigación cualitativa nos explicará un fenómeno y nos puede ayudar a conocer mejor un determinado objeto de estudio a profundizar.

Ninguno de los dos métodos es mejor que otro, así que depende del tipo de preguntas e hipótesis que desees resolver, es el tipo de método que utilizarás, según sea el más conveniente. También existen investigaciones de índole mixto donde se combinarán condiciones cuantitativas y cualitativas para obtener una comprensión más completa del objeto que se está estudiando.

La pregunta de investigación se relaciona con una necesidad de conocer con mayor profundidad algún objeto o fenómeno. La herramienta de la taxonomía de Bloom (2001) te puede ayudar a identificar los diferentes procesos cognitivos con los que puedes trabajar. En esta tabla se presentan seis procesos cognitivos; desde recordar, comprender, aplicar, analizar, evaluar y crear. Todas ellas se pueden enmarcar en las preguntas que deseas hacer para la investigación. Las primeras son las más básicas y conforme avanzamos a crear, se refiere a un orden cognitivo de mayor complejidad. Para una investigación de posgrado se esperaría que el investigador ubique al menos tres o cuatro procesos: aplicar, analizar, evaluar o crear.

Por ejemplo, si se quiere "comprender" algo, se pueden plantear las siguientes preguntas: ¿Cómo se puede explicar "x" fenómeno? ¿Cuáles son los factores determinantes de "x" situación? Entre otras. Tómate un tiempo para revisar el cuadro de la Taxonomía de Bloom (Figura 5); analiza la estructura cognitiva que te permitirá generar ideas, plantear las preguntas, y revisa las palabras clave correspondientes según el proceso elegido en la taxonomía.

Procesos cognitivos de orden inferior			Procesos cognitivos de orden superior		
Recordar	Comprender	Aplicar	Analiza	Evaluar	Crear
Recorda datos/ hechos/ ideas sin necesidad de entender. Se muestra materia asimilado anteriormente mediante el recuerdo de términos y conceptos básicos.	Mostrar entendimiento a la hora de encontrar información del texto. Se demuestra comprensión básica de ideas y hechos	Resolver problemas aplicando conocimiento, hechos o técnicas previamente adquiridas en una manera diferente. Usar ante una nueva situación.	Examinar y descomponer la información en partes identificando los motivos o causas; realizar inferencias y encontrar evidencias que apoyen aspectos que se examinan a detalle.	Presentar, argumentar y defender opiniones realizando juicios sobre la información, la validez de ideas o la calidad de un trabajo basándome en una serie de criterios que permitan justificar.	Cambiar o crear algo nuevo. Recopilar información de una manera diferente combinando sus elementos en un nuevo modelo o proponer soluciones alternativas
Palabras clave:	**Palabras clave:**	**Palabras clave:**	**Palabras clave:**	**Palabras clave:**	**Palabras clave:**
Elegir, observar, mostrar	Preguntar, esquematizar	Actuar, emplear, practicar	Examinar, priorizar, encontrar	Medior, opinar argumentar	Adaptar, estimar, planear
Copiar, omitir, deletrear	Generalizar, predecir	Identificar, seleccionar	Centrarse, agrupar, asumir	Evaluar premiar, testar	Añadir, experimentar, testar
Definir, rastrear, afirmar	Clasificar, dar ejemplos	Calcular, resumir, agrupar	Razonar, causa-efecto	Debatir, convencer	Construir, extender, sustituir
Decir, cuándo ,duplicar	Comparar, relacionar	Entrevistar, desarrollar	destacar, separar, aislar	Apoyar, explicar, decidir	Cambiar, formular, reescribir
Citar, repetir, qué	Contrastar, ilustrar	Enseñar, transferir	Comparar, distinguir, inferir	Defender, comparar	Combinar, hipotetizar, suponer
Leer, relacionar, nombrar	Parafrasear, demostrar	Usar, intrepetar, elegir	Dividir, motivar, diferenciar	Justificar, percibir	Componer, innovar, teorizar
Quién, listar, repetir	Informar, discutir	demostrar, categorizar	Buscar, similitudes, descomponer	Recomendar, seleccionar	Compilar, mejorar, simplificar
Recitar, escribir, localizar	Inferir, revisar	Conectar, dramatizar	Inspeccionar, investigar	Probar, estimar	Componer, maximizar, pensar
Cómo, dónde, memorizar	Interpretar, mostrar	Planear, construir	Simplificar, categorizar	Influir, persuadir	Crear, minimizar, proponer
Por qué, reconocer	Explicar, resumir	Manipular, resolver	Preguntar, ordenar, reorganizar	Criticar, juzgar, deducir	Descubir, modelar, visualizar
	Expresar, observar	Simular, seleccionar, unir	Elegir, poner a prueba	Influir, persuadir	Diseñar, modificar, desarrollar
	Traducir	Hacer uso, organizar	Establecer, observar	Valorar, demostrar	Originar, elaborar, transformar
Acciones / Resultados	**Acciones / Resultados**	**Acciones/ Resultados**	**Acciones/ Resultados**	**Acciones/ Resultados**	**Acciones resultados**
Describir/ Definición	Clasificar/ Colección	Desempeñar/Demostración	Atribuir / Reseña	Atribuir / reseña	Cosntruir / anuncio
Encontrar/ hechos	Comparar / Ejemplos	Ejecutar / Diario	Deconstruir/ Gráfica	Comprobar/ gráfica	Diseñar / película
Identificar / Etiquetado	Ejemplificar /Explicación	Implementar / Ilustraciones	Integrar/ Lista de control	Deconstruir/base de datos	Trazar / juego
Listar/ Listado	Explicar/ Etiquetado	Usar/ Entrevista	Organizar / Base de datos	Integrar / Informe	Idear / dibujar
Localizar / Cuestionario	Inferir/ Listado	Emplear / Interpretación	Esquematizar/Gráfico	Organizar / hoja de calculo	Planificar / plan
Nombrar/ Reproducción	Interpretar/Esquema	Realizar / Simulación	Estructurar/ Informe	Equematicar/ encuesta	Producir / proyecto
Reconocer / Test	Parafrasear/ Cuestionario	Presentación	Encuesta	Estructurar	Hacer / canción
Recuperar/cuaderno/copia	Resumir/Resumen	Dibujo	Hoja de cálculo		Proyecto audiovisual
Preguntas	**Preguntas**	**Preguntas**	**Preguntas**	**Preguntas**	**Preguntas**
¿Puedes enumerar....?	¿Puedes explicar que está ocurriendo...?	¿Cómo usuarías...?	¿Cuáes son las partes de....?	¿Estás de acuerdo con..?	¿Qué cambios harías para?
¿Puedes recordar....?	¿Cómo clasificarías...?	¿Qué ejemplos sobre	¿En qué aspecto está... relacionado/ a con....?	¿Cuál estu opinión sobre...?	¿Cómo mejorarías...?
¿Puedes seleccionar....?	¿Cómo compararias?	¿ puedes encontrar?	¿Por qué opinas que....?	¿Cómo comprobarías....?	¿Qué pasaría si....?
¿Cómo ocurrió....?	¿Cómo constrastarias?	¿Cómo organizarías...para presentar....?	¿Qué motivo hay para.?	¿Sería mejor si....?	¿Podrías proponer una alternativa?
¿Cómo es....?	¿Cómo podrias parafrasear el significado de...?	¿Cómo aplicarías lo que has aprendido para desarrollar?	¿Puedes hacer un listado de las partes....?	¿Por qué ese personaje....?	¿Puedes elaborar... basandote en....?
¿Cómo describirias....?		¿Qué enfoque usarías para...?	¿Qué ideas justifican....?	¿Cómo valorarías....?	¿De qué forma evaluarías....?
¿Podrías explicar....?	¿Qué puedes decir sobre...?	¿Qué aspectos seleccionarias..?	¿Qué conclusiones extraes de?	¿Cómo determinarías...?	¿Podrías formular una teoría alternativa....?
¿Cómo mostrarías....?	¿Cuál es la mejor respuesta...?	¿Qué preguntas harías en una entrevista a....?	¿Qué evidencias de encuentras?	¿Cómo priorizarías....?	¿Cuál....?
¿Qué es....?	¿Qué afirmaciones apoyan...?		¿Puedes distinguir entre...?	¿Qué información podrias apoyar tu punto de vista...?	¿Qué harias para maximizar?
¿Cuál....?	¿Podrias afirmar o interpretar en tus propias palabras...?		¿Cuál es la relación entre..?	¿Qué datos te llevaron a esa conclusión....?	¿Cómo pondrias a prueba?
¿Quién fue....?			¿Cuál es la función de....?	Qué seleccionarías para....?	¿Podrías construir un modelo que cambie...?
¿Quiénes fueron los ppales...?				Qué elección hubieras tomado ?	
¿Por qué....?					

Figura 5. Cuadro de la taxonomía de Bloom.
Fuente: Anderson y Bloom, (2001), en: http://www3.gobiernodecanarias.org/medusa/edublog/cprofestenerifesur/wp-content/uploads/sites/105/2015/12/Captura-de-pantalla-2015-12-03-a-las-22-12-56.png

El primer proceso cognitivo de la tabla taxonómica de Bloom, *recordar*, es básico para una investigación, y tiene que ver con la motivación para estudiar algo. Se trata del acervo de elementos y conceptos acerca de un tema que te servirán como base de la búsqueda del conocimiento.

El segundo proceso cognitivo, *comprensión*, se refiere al entendimiento demostrativo soportado en hechos e ideas por medio de la organización, clasificación, comparación, interpretación, ejemplificación y formulación de ideas principales, por mencionar algunas. Se puede decir que el investigador tiene la misión de interpretar y extrapolar un fenómeno para comprenderlo mejor.

El tercer proceso cognitivo es la *aplicación*, el cual se refiere al uso de conocimiento nuevo que se ha generado a partir de la investigación; por lo que el investigador deberá resolver problemas e implementar soluciones en nuevas situaciones aplicando el conocimiento, técnicas y reglas adquiridas, de una manera distinta a las ya establecidas.

El cuarto proceso cognitivo se refiere al *análisis*, que es la capacidad de examinar, discriminar e integrar información, identificando motivos o causas de cierta problemática. Requiere encontrar evidencia para fundamentar generalizaciones, por lo que el investigador deberá analizar los elementos, relaciones, y principios de organización, para aportar nuevo conocimiento que nos ayuden a comprender mejor determinado objeto o fenómeno.

En la capacidad de *análisis* está implícita la capacidad de síntesis, es decir, a partir de la compilación de información, combinando elementos y seccionando los datos más relevantes, creando un patrón nuevo que propone soluciones alternativas.

La **_evaluación_** se refiere a la presentación y defensa de opiniones juzgando la información, la validez de ideas o la calidad de una obra en relación con un conjunto de criterios. El investigador logra atribuir, comprobar y estructurar información, en torno a una serie de fenómenos que le permite emitir juicios en términos de evidencia interna y de criterios externos.

Finalmente, el sexto proceso se refiere **a crear**, el cual implica establecer un proceso, un objeto o sistema nuevo (por mencionar algunos) a partir de una serie de información recopilada, que, al combinar sus elementos de manera innovadora, produce algo totalmente nuevo; esto puede incluso ser patentado debido a que propone soluciones alternativas y resuelve cierta problemática.

Entonces, con su trabajo, el investigador puede proyectar, diseñar, determinar, construir, ensamblar, idear, planificar y legislar, entre otras acciones que produzcan innovación. Estos verbos están en la escala de los procesos cognitivos más complejos.

Finalmente, las preguntas de investigación deben de tener ciertas características. ¿Quieres saber cómo plantear preguntas para una investigación exitosa?

1. Deben ser claras y precisas para elaborar tu hipótesis, para que esta última sea también exacta y determine con claridad lo que se busca aportar con tu investigación. Estas preguntas deben dar un amplio espectro informativo. Sobre todo las investigaciónes de tipo cualitativo que llevan hipótesis, ya que hay investigaciones que pueden no tenerlas o llamarlas supuestos. Se espera que la pregunta de investigación evolucione y se afile, conforme se avanza en la investigación.

2. La pregunta se puede formular de acuerdo con los objetivos de investigación y relacionada a tu experiencia y conocimientos de tu área de formación.

3. La pregunta tendrá que responder, por ejemplo, el cómo, por qué, las causas o los impactos; luego puedes colocar la variable de estudio detallada con cualidades y contexto específico; más espacio y tiempo. Acota tu área de estudio y proporciona cualidades a las variables para determinar tu ámbito de investigación.

Por ejemplo: "Cuáles + son los efectos de la orina en los niños de primarias + ubicadas próximas a cultivos que emplean glifosato en el periodo de cosecha 2020: Caso de estudio en escuelas primarias en Autlán Jalisco".

Tip #22

Apóyate en la taxonomía de Bloom (2001) para determinar el proceso cognitivo y el tipo de pregunta acorde a los objetivos de tu investigación.

10. Comprueba tu tema de investigación con la filosofía japonesa *Ikigai*

. . . .

La palabra *Ikigai* tal vez te resulte extraña y sea la primera vez que la escuchas en tu vida; en la mejor de las suertes, tal vez la leíste en alguna iconografía que circulaba en redes sociales algunos meses atrás.

Se trata de un concepto complejo de explicar en un solo capítulo y hay libros completos dedicados a desentrañarlo, por lo que, si después de leer los siguientes párrafos los consideras necesario, envíame un mensaje a mis redes sociales o a mi canal de YouTube para preguntar por alguna bibliografía recomendada. Adentrémonos de manera breve en el concepto.

La filosofía *Ikigai* viene de Japón, por cierto, uno de los países que más veces he visitado en mi vida y en donde he aprendido varias cosas interesantes y curiosas. *Ikigai* es practicado en la pequeña isla Okinawa, al sur de Japón. Este concepto data de hace más de mil años atrás aproximadamente, del periodo Heian comprendido entre 794 y 1185 de nuestra Era. Si bien no tiene una traducción exacta, *Ikigai* está compuesta de dos palabras: *iki* que en español significa vida o estar vivo, y *gai* que se significa que tiene valor o lo que vale la pena. *Ikigai* = El valor de la vida. ¿Te parece inspirador?

En otras palabras, *Ikigai* propone que el ser humano debe hacer uso de sus dones, talentos y conocimientos para los que es bueno. Comprender Ikigai es una forma de poner en práctica tus dones, haciendo buen uso de ellos, para que puedas disfrutar de sus beneficios. Por lo tanto, descubrir tus dones y para qué eres bueno es parte de la filosofía atrás de este concepto. Lo que lo hace a su vez, parte de una vida en balance que es productiva y disfrutable ¡Es un círculo virtuoso!

Muchas personas en Okinawa y en general en Japón continúan creyendo y practicando el *Ikigai*, de hecho, los japoneses son bien conocidos por ser practicantes del arte de lograr la maestría en todo lo que examinan o se proponen hacer. Esto significa hacer lo que realmente aman, lo que se les da bien, lo que el mundo necesita y aquello por lo que pueden ser recompensados. Ésta es una práctica que inspiró a maestros en una amplia variedad de carreras japonesas. *Ikigai* es parte de una vida equilibrada, productiva y placentera, así que podrías usar esta herramienta en tu posgrado para redireccionar tu carrera, basado en los cuatro beneficios anteriormente citados.

Con la infografía que se presenta a continuación, identifica tu propio Ikigai.

Figura 6. Matriz Ikigai.
Elaboración propia con base en la reinterpretación de Marc Winn.

Tip #23

Regálate el tiempo para realizar el ejercicio de Ikigai, no es una tarea tan sencilla, pero si lo haces a profundidad podría otorgarte grandes beneficios en tu vida. El primer paso es identificar tus habilidades o dones.

Si aún no lo tienes claro, existen libros que ayudan a los estudiantes a explorar estos conceptos y realizar un autodiagnóstico. Si sigues este gráfico podrías descubrir los dones y talentos que ya tienes y entonces reforzar tu tema de investigación de manera coherente con estos aspectos, cuando planteas tu tema o problema de investigación, sería interesante que te preguntaras: "Este tema ¿me llevará a hacer lo que amo? ¿Me ayudará a emplear algo en lo que soy bueno? ¿Ayudará en algo a lo que el mundo necesita? ¿Esta investigación me encaminará a algo que podría ser recompensado monetariamente?"

Así como las cuatro direcciones que propone el Ikigai y las cuatro preguntas antes planteadas, te podrían brindar una respuesta que clarifique el propósito de tu investigación en sintonía con tu misión de vida, tu pasión, tu profesión y vocación. Además, tu investigación podría detonar un desarrollo de conocimiento todavía más poderoso y además de otorgar mayor probabilidad de éxito.

Un poco de significado en cada día de nuestras vidas, podría retornar en una vida de llena de plenitud.

11. La vida te ha dado dones, es tu obligación emplearlos

Conectando este capítulo con el anterior, respecto a encontrar tu *Ikigai*, te recomiendo pensar en éste como una acción que beneficia al mundo y pone tus talentos y dones al servicio de ello. Te propongo dos ejercicios para orientarte en ese sentido:

Encuentra el tiempo, el espacio y la tranquilidad para ir a un lugar inspirador y después de una breve meditación, te recomiendo que con papel y lápiz inicies una lista a partir de una reflexión a conciencia donde anotes las cosas para las que eres bueno. Esta lista puede contener más de una sola palabra para describirlo, también podrás ser tan específico como lo desees.

Por ejemplo, a continuación, te pongo algunos ejemplos que te ayudarán a comenzar, es una breve lista de los aspectos que yo identifiqué en los que soy bueno:

- Pintar en abstracto con acuarela y gouache

- Hacer entrevistas en persona

- Escribir historias cortas

- Leer historias de no ficción

- Entretener a mis amigos con una cena en casa

- Investigar sobre temas que me apasionan

- Planear y organizar a detalle un itinerario de viaje que sea toda una aventura

- Viajar a lugares remotos y captar en fotos o video detalles espectaculares

- Aprender a aprender y cuando es necesario, desaprender

- Soñar despierto

- Ser amigo de mi pareja y compartir tiempo

- Caminar por la naturaleza

- Inspirarme de la naturaleza y aprender de ella

La segunda parte del ejercicio demanda mayor colaboración con otras personas y es hacer la misma pregunta a personas que te conocen, como colegas de trabajo, amigos y familiares, pídeles que enlisten los aspectos que consideran ellos en lo que tú eres bueno, pero diles que no traten de quedar bien contigo, que sean sinceros y realicen este ejercicio de manera profunda y a conciencia, ya que para ti este ejercicio es importante y te ayudará a tomar decisiones para los siguientes días.

Dales un plazo, puedes plantearlo en persona, regalándoles *post-it* y que lo escriban de manera anónima y luego solicitar que te los entreguen todos juntos, o incluso podrías utilizar alguna aplicación digital para que lo hagan en línea, por ejemplo, **Miró** o **Padlet** podrían servirte para ello. Te recomiendo revisar mi canal de YouTube donde explico cómo utilizar este tipo de herramientas. Una vez que tengas el resultado de ambas listas, podrías mirar los hilos que conecta tus fortalezas.

Por ejemplo, en mi caso identifiqué que para hacer más relevante mi investigación doctoral, podría combinar varios de mis talentos y trabajar con un grupo de personas en distintos escenarios con problemáticas similares. Esto me llevó a viajar a España y Canadá, organizar una logística para ello, entrevistar a diferentes agentes e investigar más profundamente una problemática desde el trabajo de campo, empleando metodologías participativas, lo que me permitió apoyarme en al menos seis fortalezas con las que cuento y considero que soy bueno. Tú puedes hacer lo mismo, incorpora tus fortalezas en tu diseño de investigación.

Una vez que las encuentres y hagas un análisis interno más profundo, escribe tus hallazgos y podrás discutirlos con algunas de las personas que te colaboraron en encontrarlos, tómate en serio esta actividad y prepara el espacio y lugar adecuado para llevar a cabo esta charla, incluso podrías juntar a varios de los que te ayudaron.

Te recomiendo mantenerte atento a la retroalimentación que las personas te brinden y aunque es información privada, intenta conectarlo con el problema de investigación que pretendes abordar en la siguiente etapa de tu vida, podría darte la oportunidad de aprender algo de tí mismo, y estarás en el camino hacia descubrir una vida con más propósito. Hay un dicho que alguna vez leí que dice: *Existen dos grandes días en la vida de toda persona, el día que nace y el día que descubre el propósito para el que vino a este maravilloso planeta.*

Si bien una parte importante de este ejercicio es recibir la retroalimentación, dicha información que recibirás te llevará a integrar nuevas ideas y tomarlas para una investigación personal más profunda, este ejercicio demanda su tiempo y su proceso. La filosofía *Ikigai* es mucho más compleja que esta breve introducción que te presento, si soy sincero, en algún momento pensé quitar este capítulo del libro porque el tema me parece que requiere un volumen completo para ello, pero al final decidí incluirlo a manera de introducción al tema, y dejar la libertad del lector de buscar mayores referencias y profundizar en torno a ello, si lo requiere.

Lo que sí te puedo decir ahora es que no es fácil llegar a determinar el *Ikigai* de cada persona e incluso podría llegar cambiar durante el transcurso de la vida, pero este ejercicio se plantea como un recurso más para apoyar al estudiante a definir su tema y problema de investigación.

Tomar consciencia y practicar el *mindfulness*, te permitirá estar en el aquí y ahora, y decidir a qué tema decidirás dedicarte a profundizar en los siguientes meses o años que refuercen tu propósito de vida y que, por lo tanto, se convierta en tu poder interno, en la llama interna que te hace saltar cada día de la cama, nutrido por los dones únicos que tienes.

12. El desarrollo de competencias personales

. . . .

Una investigación científica sin duda es una oportunidad para desarrollar una serie de competencias personales. Afinarlas y mejorarlas, seguramente te harán ser más sagaz. Es una oportunidad para desarrollar tu potencial, así hay que verlo. No te fijes en la parte difícil, del esfuerzo que representa ni la pesadez de ello, debes de tener una actitud ganadora, positiva y hacia adelante.

Puedo decirte que afinarás aún más muchas de las habilidades con las que ya cuentas, por ejemplo, tu capacidad de lectura rápida, tu habilidad de escritura científica, tu capacidad de síntesis, la de análisis, de investigación, de diseñar instrumentos de medición o recabar datos, entre muchas otras. Tal vez una de las habilidades que más vas a desarrollar es la de investigación, la capacidad de recabar datos. En este capítulo dedico mi esfuerzo a darte orientación y mis mejores consejos para tu éxito estudiantil. La investigación te va a demandar la búsqueda de material de soporte y análisis.

Otra habilidad que desarrollarás es la de lectura rápida de entendimiento y síntesis, que consiste en absorber una gran cantidad de datos y quedarte con la información relevante y resumida, para ser incluida en el apartado de la tesis que vayas a elaborar.

Seguramente otra habilidad será la capacidad de aprender y autogestionar, ya que habrá una serie de nuevo conocimiento o habilidades que se requieren adquirir para este proceso de investigación, y a su vez de organizarse en tiempos, entregas y objetivos de avance, además de tu vida fuera de la universidad.

Finalmente, también está la organización de la investigación, donde tú como estudiante aprenderás a tener acceso a diferentes fuentes de información y clasificar y organizar la misma. Por ejemplo, aprender a organizar la información a partir de las fuentes primarias de información como son libros de autores que constituyen referencias sobre el pensamiento en ciertas áreas, las instituciones dedicadas a investigar y publicar datos y estadísticas, o los datos demográficos, socioeconómicos, geográficos que puedes encontrar en el ine (Instituto Nacional de Estadística de España), inegi (Instituto Nacional de Estadísticas, Geografía e Informática de México), inec (Instituto Nacional de Estadísticas y Censos de Costa Rica), indec (Instituto Nacional de Estadísticas y Censos de Argentina), en Colombia dane (Entidad responsable de la planeación, levantamiento, procesamiento, análisis y difusión de las estadísticas oficiales), en Estados Unidos es la oficina de Census Bureau, inei en Perú es el Instituto Nacional de Estadística e Informática, en Venezuela es el ine (Instituto Nacional de Estadística) cepal (Comisión Económica para América Latina y el Caribe), la onu (Organización de las Naciones Unidas), Banco Mundial, entre muchas otras instituciones. Como te darás cuenta, existen instituciones concentradoras de información primaria de índole local, a nivel país, regional e internacional, por lo que deberás seleccionar las que resulten pertinentes a tu tema.

Por otro lado, están las fuentes secundarias o la literatura crítica, particularmente conformada por revistas, periódicos y otras fuentes de información que toman una sección de información primaria para analizarla y explicarla a profundidad en un contexto determinado.

Existen varios libros que pueden guiarte para aprender a dominar la manera de investigar, organizar y desarrollar una metodología de investigación, si bien en este libro cubrimos varios aspectos, no profundizamos en ello porque hay muchos títulos especializados; lo que sí, en este libro vierto una serie de herramientas, consejos y estrategias con las que no conté durante mi maestría y doctorado, y que me hubiera gustado tener en el momento del desarrollo de mis proyectos investigativos. Espero que este compendio te ayude y facilite el desarrollo de tu camino en el posgrado de la mejor manera y fortalezcas tus competencias personales.

13. Supera tus miedos

Una manera de superar tus miedos y limitaciones para alcanzar tus metas es que tengas claro y definas qué es lo que quieres en tu vida y qué deseas alcanzar. Si tienes el objetivo claro y sabes a cuál puerto quieres que llegue el barco, entonces será más fácil trazar la ruta correcta y prepararte para el viaje. Lo mismo aplica para cumplir con un posgrado, una investigación o culminar la licenciatura.

Éste es el principio para lograr tus metas y alcanzar a trazar la vida que anhelas. Te recomiendo que inviertas tiempo en definirlas con claridad y en revisar cómo hacer tu investigación compatible con ellas. Esto es sin duda una oportunidad para lograrlo.

El desafío de concluir una licenciatura o un posgrado es retador e implica una dosis de responsabilidad. Por lo tanto, formula tus metas en positivo y con la mente en alto escríbelas de manera que sean medibles, concretas, alcanzables y enmarcadas en el tiempo, es decir, cuándo planeas terminarlas y considerar que la meta se ha alcanzado.

Tip #25

Reflexiona el ejercicio anterior para que puedas integrar tus metas con el objetivo de tu investigación, esto te permitirá determinar de manera nítida y precisa tus objetivos planteados en esta nueva etapa de tu vida; con ello serán mayores tus posibilidades de éxito.

Cuando establecemos metas medibles, cuantificables y que pueden ser valoradas en el tiempo, además, es preciso aterrizar varios objetivos por meta, con sus respectivos plazos (más cortos), lo que te permite tener la sensación de logro, sin ver al futuro como algo inalcanzable. Una vez que establezcas estas metas y objetivos, la ruta de navegación será más clara.

Realizar este tipo de ejercicios te ayudará a tener menor incertidumbre y a proponerte metas cortas que te permitan lograr a fuego lento pequeños logros, que sumados permitirán llegar a un logro que parece cada vez más grande y difícil de alcanzar, pero este ejercicio te permite visualizar mejor la ruta y ganar confianza.

No temas hacer la tesis o una investigación. A lo largo de tu carrera seguramente realizaste varios trabajos de investigación, varios reportes de lectura, tuviste que pasar horas en Internet y en bibliotecas buscando documentos e información que posteriormente tuviste que revisar, analizar y sintetizar, además de proveer tus propias conclusiones, soluciones o recomendaciones.

Así que ya has tenido un entrenamiento, como se dice popularmente, has calentado motores. Piensa que el trabajo de investigación es poner a prueba esas habilidades desarrolladas a lo largo de tu vida académica y es una oportunidad para mejorarlas y además aprender nuevas cosas y conceptos, así como nuevas teorías, metodologías y finalmente adquirir mayor experiencia y conocimiento para enriquecer tu vida profesional. El proceso hay que verlo como una invitación para ser pleno más que como un desafío, para así lograr un proceso de enriquecimiento y trascendencia personal.

Visualiza el trabajo de investigación como una serie de trabajos integrados.[11] Para ello es válido que no todo sea redactado por nosotros y que te apoyes en otros autores, otorgándoles su crédito correspondiente y cuyo aporte serán los comentarios que realices a conceptos planteados, por lo que si se hace referencia a un autor con el que no concuerdas, será también una oportunidad para plantear una alternativa.

Mi recomendación es que visualices el proyecto como una serie de trabajos más cortos, uno de antecedentes, otro de teoría, otro de referencias conceptuales que ciertos autores proponen al tema de investigación, y finalmente otro para analizar el problema abordado. [12]

11. En el capítulo de antecedentes podrás hacer una revisión de distintas fuentes y distintos autores, para dar cuenta de la situación del tema de investigación.

12. Revisa el capítulo 14 donde abordaré dichas partes de la investigación de manera más amplia.

En lugar de tener temor por esta etapa, conviérte ese sentimiento en un reto que requiere fuerza de voluntad pero que no es imposible lograr, al contrario, poco a poco, día a día, avanza. En ocasiones podemos pensar que nos hace falta esa fuerza de voluntad y disciplina para lograrlo, pero reflexionemos: si hemos logrado estudiar cursar la educación básica y media superior, y hemos logrado acreditar materia a materia, presentar los trabajos, etc., esta etapa puede visualizarse como una extensión de este proceso, pero ahora nuestro trabajo tiene mayor impacto, tiene aplicación y puede incluso presentar una explicación. Por lo que te recomiendo tener la voluntad suficiente y ¡da tu mejor esfuerzo!

Parte III

Escribir tu tesis

14. Antes de empezar a escribir

. . . .

Hacer una tesis podría ser divertido, y te invito a que veas más allá del simple hecho de realizar una investigación para la obtención de un posgrado y profundizar en el conocimiento. También es una oportunidad de reinventarte, redirigirte, nutrirte y de conocer personas nuevas. Podrías dar voz a nuevas problemáticas y retos que la humanidad enfrenta en este mundo en constante cambio. Obsérvalo como una oportunidad de diseñarte tu vida, permíteme compartirte mi experiencia.

Para la tesis de doctorado puse tres objetivos sobre la mesa que quería lograr al mismo tiempo, bajo un mismo paraguas llamado tesis de investigación doctoral. En primera esta investigación tenía un claro objetivo de profundizar en una problemática y ausencia de conocimiento de la Agroecología que había identificado desde la maestría. Buscaba estar donde los protagonistas de dicho tema estaban luchando día a día, enfrentando desafíos. Para mí, el trabajo de campo era la parte más interesante de todo este proceso.

Quise conocer a mayor detalle sus problemáticas, pero también sus contribuciones, y en mi investigación de doctorado, considere que: "podría ser un pase de entrada a los entornos de sus casas, su lugar de trabajo y a la realidad que estaban viviendo". Al entrevistarlos pude conocer de cerca, analizar y explicar el sistema complejo que se vive desde el frente de batalla de dicha problemática.

Un segundo aspecto que me interesó conocer fue este mismo problema de la mano de distintos protagonistas en varios países y entrar en contacto con centros de investigación que atienden o se especializan en sistemas alimentarios. Me interesé en centros que habían avanzado en instrumentos de políticas públicas innovadoras y para poder obtener una perspectiva internacional. De tal suerte que este doctorado me abrió las puertas a espacios que, de otra manera, no hubiera conocido. Cuando logré confirmar las estancias de investigación en España y Canadá, organicé un plan de viaje y calendario que me permitieron poner a prueba mi instrumento de investigación en varios contextos. Evidentemente, esto lo tuve que hacer de manera paralela al avance de mi propia investigación.

Finalmente, el tercer objetivo fue ampliar mi perspectiva, especializarme en un tema que era urgente e interesante. A partir de ahí quise fortalecer mi carrera y convertirme en una referencia en ese tema, aunque todavía no termino mi proceso completo de investigación, hoy me siento seguro y satisfecho que estoy en el camino correcto y consolidándome en esa dirección.

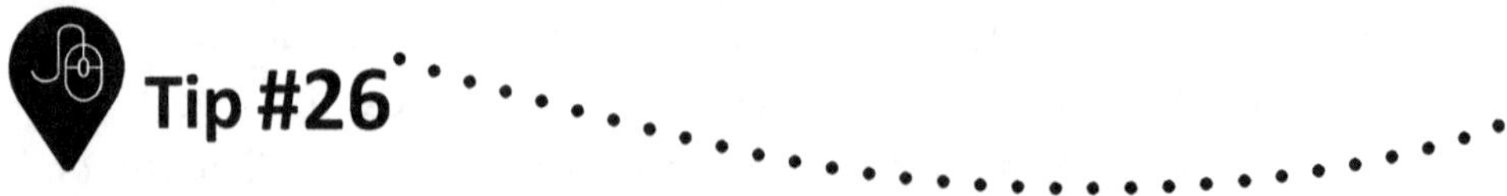

Tip #26

Diseña un plan para contactar los centros de investigación relevantes al tema que elegiste. Como parte de la metodología de los doctorados, se contemplan estancias de investigación y si tu tesis contribuye a los temas de interés del centro, es probable que te permitan colaborar con sus equipos de trabajo.

Tip #27

Haz de tu tesis un sistema de aprendizajes complementarios, es decir, no sólo aprendas de tu tema, por ejemplo, si deseas mejorar tu dominio del idioma inglés, busca referencias y lecturas en ese idioma.

Así que antes de empezar a escribir te propongo que hagas un plan de viaje, un plan de ruta, que te autodiseñes: ¿Qué otros objetivos o metas te gustaría alcanzar de manera paralela? ¿Qué cooperación podrías lograr y con quiénes? ¿Te gustaría realizar una estancia de investigación en otro centro, en otra ciudad o país? ¿Dónde convendría hacerla? ¿Qué centros de investigación están relacionados con tu tema de investigación? ¿Qué investigadores son referentes? ¿Dónde se está produciendo conocimiento relevante en tu tema de investigación? Se me ocurren diez preguntas más, pero mejor te invito a que a partir de estos párrafos escribas tus propias preguntas para trazar tu plan de ruta.

Tip #28

Tómate una tarde, con tu café o té, para meditar las preguntas que ya escribiste. Haz una investigación de los centros que operan el tema que te interesa, incluso puedes tomar anotaciones de las comunidades, organizaciones no gubernamentales o grupos de población, que te convendría contactar para diseñar tu ruta.

Cuando realicé mi estancia de investigación en España, además de lograr el contacto con el centro de estudios especializados en mi tema y lograr varias entrevistas con los investigadores de dicho centro, aproveché para contactar a una cooperativa. De manera paralela logré que me invitarán a una reunión de diálogo de saberes entre sus miembros, donde presentaron diferentes hallazgos con voces de invitados especiales. A partir de ese momento contacté a otros protagonistas que accedieron a darme otras entrevistas y formar parte de mi investigación de campo. Fue un efecto de bola de nieve, que definitivamente no hubiera logrado desde la investigación por Internet o desde casa. Recuerdo que durante mi estancia tuve una agenda llena de actividades. Fue un momento intenso de investigación, especial, y que recordaré como una de las mejores etapas de mi vida, al fin estaba afuera de un ordenador escribiendo y, en cambio, estaba en contacto con seres humanos reales, entrevistándolos y aprendiendo de ellos.

Elabora en una cartulina tamaño doble carta un collage que represente lo que quieres lograr con tu tesis y cómo te visualizas una vez concluida ésta, incluyendo a las personas o problemas que abordarás. Haz uso de imágenes en este mural que te inspiren. Revísalo de vez en cuando y pégalo en el lugar o espacio de trabajo exclusivo que has decidido dedicar para trabajar en tu investigación. Esto te permitirá recordarte, como si se tratara de una brújula que señala el Norte, para recordarte que hay un objetivo a largo plazo a alcanzar.

15. La estructura general: Organiza tu protocolo de investigación

En muchas universidades, como requisito del proceso de admisión, es necesario presentar un protocolo de investigación. Este primer documento de exploración también te permitirá enfocar y determinar si el tema que has decidido elegir es relevante y pertinente al centro de estudios e investigadores de tu posgrado.

El protocolo de investigación puede ser un instrumento para determinar y asignar al tutor y los asesores de tu tema, según las temáticas de las propuestas de los alumnos candidatos al posgrado y de acuerdo con la especialidad de los investigadores de la institución educativa. El protocolo será la carta de presentación de los alumnos candidatos a ingresar al posgrado, dejará saber a los demás el tema que se desea investigar, por qué, cómo y para qué. Cuáles son las expectativas del estudiante y cuáles serán las propuestas y objetivos de tu investigación. En resumen, este documento deberá informar de manera sintética acerca del desarrollo del trabajo de investigación que se pretende realizar.

Así que no es una cosa menor y hay que empezar a tomárselo en serio. En mi experiencia, cuando estaba evaluando instituciones y posgrados, no alcancé a terminar mi protocolo de investigación, pues la opción que me interesaba tenía muy cerca la fecha límite para entregar la documentación incluyendo el protocolo. Así que no me desanimé, por el contrario, terminé de elaborar un protocolo de investigación a mi ritmo y decidí aplicar al siguiente año, finalmente, prisa no tenía. Presenté un protocolo robusto, con mucha información pertinente y relevante para justificar el estudio propuesto como candidato al posgrado. Digamos que me tomé un año completo para elaborarlo.

Tip #30

Toma el tiempo suficiente para entregar un protocolo de investigación bien fundamentado, con citas actualizadas, mostrando en qué va la discusión del tema en los últimos años. Utiliza el formato de citación y contenido a incluir que el posgrado especifique para el proceso de admisión.

Comúnmente, las universidades establecen ciertos criterios mínimos para cumplir con un protocolo de investigación, y éste se entrega a la coordinación del posgrado o carrera, junto con los documentos oficiales para presentar la candidatura de ingreso del estudiante aspirante. Lee muy bien las instrucciones, requisitos y contenidos que debe tener el mismo, pues es un proceso de selección en filtro, que identifica a los candidatos que son capaces de entregar un documento profesional, organizado, claro y con todos los requisitos solicitados y completos. Repito: completos, todos y cada uno de ellos. Ya que si este protocolo es aceptado pasarás a la siguiente etapa, que consiste en proceder al registro de la tesis, por lo tanto, es importante hacerlo de forma correcta y profesionalmente.

Los elementos del protocolo pueden varíar dependiendo de cada universidad y exigirá mayor nivel de complejidad según sea para una maestría o un doctorado. Por lo general se sigue la estructura que se presenta a continuación:

1. Selección del campo de conocimiento

2. Selección del área de conocimiento

3. Determinar el objeto de estudio (especificar el tema concreto que será abordado en la investigación)

4. Delimitación del tema de la tesis

5. Delimitación espacio temporal de la investigación (dónde y cuándo o en qué periodo)

6. Título del trabajo en coherencia con los puntos anteriores

7. Objetivo general y objetivos específicos

8. Planteamiento del problema (recuerda abordarlo de general a lo particular)

9. Justificación de la investigación (puedes identificar una justificación desde diferentes dimensiones, por ejemplo, una justificación social, académica, ambiental, entre otras. Algunas facultades abordan este tema como "exposición de motivos")

10. Utilidad (explicar de qué servirá o a quién le sirve esta investigación, qué conocimiento nuevo se pretende generar)

11. Hipótesis (se emite como una afirmación que se presenta como tentativa, como posible solución o respuesta al problema que se está abordando)

12. Propuesta o posibles soluciones al problema planteado

13. Esquema de trabajo o capitulado (el esquema del trabajo corresponde a los capítulos propuestos en el índice del trabajo con una estructura lógica, clara y organizada)

14. Bibliografía (toma en cuenta mis recomendaciones indicados en el capítulo 6 de este libro para incluir una bibliografía actualizada, pertinente y efectiva)

15. Algunos posgrados piden incluir una metodología, aunque es un poco temprano para tener tan clara la metodología pertinente para la investigación, pero si te la solicitan, inclúyela. Se refiere al conjunto de métodos y procedimientos que el investigador seguirá para lograr los objetivos planteados y poner a prueba la hipótesis.

16. También pueden solicitarte un calendario de actividades, diagrama de Gantt o simplemente un esbozo de las etapas de la realización del trabajo con base en un calendario y a un marco de tiempo acorde al posgrado que estás aplicando.

Puedes emplear una gráfica o una matriz secuencial, no olvides incluir en este calendario el desarrollo de los quince puntos anteriores

17. Opcionalmente podrías agregar un último elemento, el análisis de los resultados y la elaboración de las conclusiones.

El protocolo de tesis es un documento que te permitirá ir entrenando y calentando motores para iniciar la investigación. Antes de continuar con los siguientes capítulos es importante señalar algunos aspectos que considero importantes que se empiecen a establecer desde el inicio de la redacción de la tesis y desde la introducción. Una tesis jamás se redacta en primera persona, es decir, al redactar los verbos no deben de conjugarse usando la primera persona del singular. Sería incorrecto que los estudiantes redacten: "Yo pienso que la política pública relacionada con apoyar la compra de agroquímicos para el campo debe de ser reformada".

Debe de evitarse el uso de la palabra "yo", si por alguna razón existe una justificación para introducir un párrafo que el investigador quiera responsabilizarse por una postura y emitir su voz, debe entonces para esos casos remotos utilizarse la conjugación en primera persona del plural: "Pensamos que la política pública que fondea y apoya la compra de agroquímicos para el campo debe de ser reformada".

La forma correcta de redacción para problemas de investigación es en tercera persona, y con un tono impersonal: "Se piensa que la política pública que fondea y apoya de agroquímicos para el campo debe de ser reformada".

Tip #31

Emplea un lenguaje escrito formal y académico de investigación, es decir cambia las palabras que se utilizan coloquialmente al hablar por un lenguaje formal. Un ejemplo de ello es cambiar palabras como hacer por elaborar, realizar, ejecutar. De igual manera, utiliza el lenguaje técnico propio de la profesión o especialidad que se está investigando.

Para cerrar con broche de oro tu protocolo de investigación, no olvides realizar una portada y un índice con el orden de los contenidos, indicando la paginación. Si la facultad te ha indicado detalles de requisito de formato, síguelos al pie de la letra, pero si lo han dejado de libre formato te sugiero el siguiente: preséntalo en fuentes Arial de 11 puntos, Calibri de 12 o Times New Roman de 12 a 1 ½ espacios. Preséntala en tamaño carta (21.5 X 28 cm, A4) con una extensión de 10 a 15 cuartillas, aunque no existe un límite máximo. Si lo puedes presentar encuadernado para que sea más profesional, mejor.

Ahora sí estás listo para iniciar con el pie derecho este gran trayecto de tu vida que seguramentete traerá grandes aprendizajes, conocerás nuevas personas y te enriquecerás de ellas, aportarás y pondrás tus dones al servicio de la sociedad y, sobre todo, desarrollarás nuevas habilidades, competencias y conocimiento que ampliarán tus capacidades. ¡No olvides sonreír y disfrutar esta gran etapa!

16. El bloqueo típico del estudiante de tesis

El camino de un estudiante implica atravesar retos y desafíos como cuando un alpinista tiene que sortear obstáculos para llegar a la cima de una montaña. Toma esta analogía como inspiración y piensa que en ocasiones sentirás que la ruta de escalada está más empinada y rocosa, lo que hace ciertos tramos más difíciles. Luego podrás experimentar tramos de mayor tranquilidad y progreso constante. Te sentirás más animado en estos últimos. Son justo los tramos en los que hay que tomar aire para resistir los pasos más complicados.

Tip #32

Mantén firme la vista hacia adelante y hacia la cima de la montaña y no voltees a ver hacia abajo, o hacia los acantilados.

En ocasiones las caídas o dificultades del camino tienen más que ver con nuestra actitud, la mala manía de *procrastinar* (dejar para mañana), o simplemente barreras que nosotros mismos nos ponemos.

La mente en blanco

Es normal que los estudiantes experimenten algunos días más prolíficos que otros. Cuando te encuentres en esta fase productiva donde fluye la información y simplemente te conectas, aprovéchalo al máximo y mete el acelerador en esos momentos de lucidez, aprovecha incluso para revisar y corregir secciones anteriores de tu investigación.

Es aconsejable establecer un espacio adecuado para trabajar, sin ruidos e interrupciones, y de ser posible determina también una franja de horario para trabajar. Hay quienes son diurnos y quienes son nocturnos. Eso depende de cada persona, en mi caso disfruto mucho más trabajar de noche y tal vez porque hay menos ruido, incluso en la ciudad me logro concentrar más y por más tiempo. Si no conoces tu estilo, es importante que al inicio experimentes en ambos horarios para que determines en cuál de ellos tu mente es más productiva y en cuál se siente más cómodo.

También puede suceder que por más que te quieres concentrar, tu pantalla está en blanco, el cursor parpadeando y simplemente no fluyen las ideas o las palabras para avanzar. Es el típico bloqueo de la página en blanco. Tómalo con calma, es normal que suceda de vez en cuando esto, pero ¿qué hacer cuando suceda esto?

Mi consejo es que un día antes, cuando estés concentrado y trabajando en el avance de ese día, tengas una bitácora de avance a la mano, y escribas un par de ideas o temas que deberás trabajar para el día siguiente. Es decir, ya que estás encarrilado, deja una idea o resumen de conceptos que deberás continuar para el día siguiente. Cuando regreses a tu espacio de trabajo y lo leas, te reconectarás con las ideas que estabas trabajando y sabrás por donde continuar.

En mi caso me dejaba notas como las siguientes:

- Revisar al autor "x" respecto a este tema

- Buscar más publicaciones en revistas científicas que aborden el tema "x"

- Contrasta la postura del autor Z con el autor W, identificando los argumentos de cada lado, etc.

Si te fijas, este tipo de notas te deja un insumo concreto para reenganchar al día siguiente y continuar con el mismo hilo que ibas trabajando.

Como ya estás concentrado en el avance de ese día, es más fácil dejar unas líneas para reconectar al día siguiente. Tu mente fluye cuando ya te has encarrilado y es más factible en ese momento que proyectes o conectes con lo que sigue en tu investigación. Deja frases abiertas con puntos suspensivos y dejar notas para continuar al día siguiente en cierta dirección.

El método de registrar el avance de escritura diaria te permitirá observar cómo una vez que calientes motores, irás avanzando de manera más fluida. Establece metas de avance, por ejemplo, podrías establecer que las primeras semanas te comprometas a escribir mil palabras diarias. Y al final del mes podrías aumentar a dos mil. Si te pones una meta específica de avance diario, podrás llegar a tu meta al final del semestre y mantenerte motivado a lograr objetivos, que sumados con el tiempo alcanzarás grandes metas.

Para fomentar tu avance de escritura en tu investigación, organiza una tabla de Excel donde registres tu avance diario de escritura. Por ejemplo, escribe en tinta azul tu avance del día, para identificar lo que has escrito durante esa jornada y al finalizar la jornada cuenta el número de palabras que fuiste capaz de hacer en dicho lapso. Registra tu avance en palabras y hora y revisa cómo ha sido tu desempeño de la semana. Eso te motivará y batirás, lento, pero seguro, tu propio récord por día. Además, es divertido.

Este método funciona, yo lo implementé en mi tesis de doctorado y fue impresionante ver cómo para al final del semestre podía redactar más de dos mil palabras por día sin mayor problema.

La dispersión

Muchos estudiantes son muy dispersos por naturaleza, les cuesta enfocarse y mantenerse calibrados hacía una dirección. A estos estudiantes les cuesta poner en orden sus ideas y brincan de un tema al otro. Para superar este aspecto, es importante que acuerdes una estructura con un índice claro con tu tutor. Que determinen los contenidos de cada capítulo, los temas y conceptos que abordarás y que te apegues a ello. Sé que en ocasiones será tentador dispersarse e irse por las ramas, pero con mayor razón, si eres de este tipo de estudiantes, deberás hacer un esfuerzo por tener una hoja del índice pegado frente a su escritorio de trabajo y apegarte a ello.

Tip #34

Divide cada capítulo en subtemas específicos. Esto te ayudará a mantener una tesis estructura ordenada y sostenerte con el enfoque adecuado.

Cuando sientas que has perdido el rumbo, revisa este libro y determina cuál capítulo debes volver a leer para reencaminar tu trabajo. Tener una estructura bien organizada es fundamental, y si de momento no encuentras información de un tema, puedes hacer una pausa y continuar con otra sección de la investigación. Si desde un inicio tienes una estructura sólida y clara, podrás trabajar por etapas y secuencialmente. Tampoco se trata de hacer infinita la investigación, por eso es necesario que sigas la estructura y asegúrate que esté validada por tu tutor.

La falta de confianza en uno mismo y autosabotaje

Cuando experimentes falta de confianza, no te agobies, no te sientas mal, es normal. En determinado momento todos sentimos esto en una investigación de doctorado o de maestría, nos llegamos a cuestionar si merece la pena tanto esfuerzo, si en realidad el problema a investigar es pertinente. A medida que avanzas en la propia investigación surgen miedos, tranquilo/a.

Sin lugar a duda, elaborar una investigación de posgrado, una tesis, nos puede producir un poco de miedo o temor al fracaso porque lo vemos como una tarea enorme y compleja. Este proceso nos implica un esfuerzo adicional, salir de nuestra área de confort y desarrollar incluso nuevas habilidades, como ya lo hemos dicho en capítulos anteriores, es parte de un recorrido para enriquecerte. Una creencia limitante puede autosabotearnos a nosotros mismos y puede incluso bloquearnos, así que ¡evítalas!

Hay estudiantes que se la pasan cambiando la estructura de su investigación, incluso los objetivos o hipótesis de ésta, o buscan excusas para no enfocarse. Hay que ser conscientes cuando uno mismo se autosabotea. Identifícalo y no lo permitas. No te ampares en más pretextos. Recuerda poner la mirada en la cima de la montaña no en el acantilado.

El tutor que no ayuda

Lee esta breve historia:

Mi compañera tenía una tutora que no hacía otra cosa más que bloquearla en su avance; en vez de ayudarla, le hacía replantear y replantear su problema de investigación. No era capaz de guiarla y darle Norte, al contrario, la hacía leer autores que ella conocía pero que poco se relacionaban con el problema que quería abordar. Así fue durante todo el primer año. Mi compañera rescribió su protocolo de investigación quizá cuatro veces, hasta que en un seminario de revisión de avance invitaron a una experta en la problemática que ella planteaba. Esta lectora revisora, no sólo elogió su trabajo, la felicitó por la pertinencia de la investigación e incluso le recomendó autores y lecturas que su tutora original jamás le había sugerido. Fue claro que su tutora no tenía idea de la problemática de mi compañera, y no resultó ser una buena guía para ella. Te podrás imaginar la frustración de mi compañera al sentir que estaba navegando a ciegas. En contraste otros tutores iban orientado a los estudiantes hacia lecturas o autores complementarios relevantes para profundizar en su investigación.

Tip #35

Si identificas que tu tutor no conoce a profundidad tu tema, los autores y referencias alrededor de ella, no provee la guía necesaria y además no hay empatía, solicita al colegio académico de tu posgrado un cambio de tutor en cuanto se detecten este tipo de situaciones, entre más temprano mejor. Ojo, asegúrate que no sea sólo tu percepción.

Entre los compañeros de la generación nos sorprendimos de la visión distinta que esta revisora lectora tenía del trabajo de nuestra compañera, acostumbrados a las críticas y poca empatía que su tutora mostraba en los seminarios. Posteriormente nos dimos cuenta de que las publicaciones y trabajos en que su tutora se había involucrado no estaban relacionados con la problemática de nuestra compañera, por lo que su guía no era efectiva, si acaso en lo metodológico, pero no en apoyarla en el enfoque, corrientes, conceptos y autores para enriquecer el proceso.

Estos procesos suelen ser desgastantes y hay que identificar cuando la química de trabajo no está funcionando de la mejor manera a tiempo, mi consejo es que platiques con la persona encargada de tu programa para revisar qué opciones podrías tener si se te presentan situaciones como las que vivió mi compañera.

Por esto trabajé para ti una sección de este libro respecto a la importancia de elegir correctamente a tu tutor/a e investigar a su vez sus líneas de investigación y área de conocimiento, así como las tesis que este investigador/a ha dirigido anteriormente, qué temas y qué resultados han tenido esas tesis previas, su calidad, entre otros aspectos.

17. El método de este libro: Tu Tesis de éxito

· · · · · · · · · · · · · ·

En este capítulo te comparto mi método para alcanzar Tu tesis de éxito, que a mí me ha servido en el desarrollo de mis estudios de posgrado; con él también incluyo consejos que han servido a otros compañeros. Para ello presento algunas ideas que no tienen un orden específico, simplemente las redacté conforme las fui recordando.

¿Sabías que en términos generales muchas personas no pasan de la mitad del libro que han comenzado a leer? El llegar hasta aquí es buena señal que vas por buen camino y que has puesto de tu parte. Hay una sola meta: concluir exitosamente tu tesis, y para logarlo puedes dividir tu meta en objetivos más pequeños y de corto alcance (es decir, en menor tiempo), y dentro de los objetivos podrás seccionarlos aún más para facilitar su terminación.

Recuerda: Es importante que tengas bien definido tu problema de investigación y la pertinencia de éste; que estés tranquilo/a con la elección del tema y arma una estructura de índice organizada, clara y robusta, con el visto bueno de tu tutor/a.

Una vez cubiertos estos pasos iniciales, divide en capítulos tu índice y fija una fecha límite para terminarlos. Es más sencillo alcanzar pequeños objetivos que perdernos en la inmensidad de un gran mar de datos. Los objetivos pueden estar divididos en los capítulos a desarrollar, pero a su vez puedes subdividirlos de manera que los concluyas en un par de semanas.

Por ejemplo, puedes tener como objetivo 1.0 que de aquí a los próximos cinco meses completes la descripción de la problemática. Este objetivo puede ser subdividido de la siguiente manera:

1.1 Descripción de la problemática a escala global, [periodo de trabajo] mes uno; si deseas ser más específico, puedes definir que en los primeros quince días articularás la problemática basada en datos y cifras con datos duros, estadísticas y numerología que te permita ensamblar el estado cuantitativo de la problemática, y en los siguientes quince días analizar la problemática global cualitativa, para integrar una investigación de métodos mixtos, proveyendo un análisis más integral.

1.2 Descripción de la problemática a escala nacional, [periodo de trabajo] mes dos.

1.3 Descripción de la problemática a escala local en la comunidad o lugar donde has decidido trabajar, [periodo de trabajo] mes tres.

1.4 Conclusiones y completar algunas citas de soporte para robustecer la revisión [periodo de trabajo] mes cuatro.

1.5 Revisión de la redacción, corrección de estilo y revisión con el tutor para incorporar sus recomendaciones, [periodo de trabajo] mes cinco.

Como podrás observar, dividir un objetivo principal en varios objetivos secundarios te permitirá terminar con mayor facilidad, que, por ejemplo, desde el inicio plantear la elaboración de un trabajo que te llevará cinco meses lograr. Así puedes continuar con el resto de los capítulos.

Tip #36

Boceta el índice de capítulos de tu tesis y subdivídelos en objetivos de un mes de trabajo, para sincronizarlo con el calendario de tu posgrado, es decir, con los tiempos de entrega.

En lo personal me siento más motivado si tengo metas alcanzables, por ejemplo, un marco de objetivos de trabajo a dos semanas me hace sentir la satisfacción que estoy avanzando rápidamente.

También podrás realizar un diagrama de Gantt por semanas y meses con tiempos y con metas específicas, esto te ayudará a visualizar un marco de trabajo y monitorear el avance. En menos de lo que piensas te encontrarás en tu último mes de trabajo.

a) Otra recomendación es que firmes los compromisos para alcanzar los objetivos, al menos los de cada seis meses. Toma en cuenta que para llegar a ese objetivo hay un esfuerzo que se imprime día a día. Este cambio de perspectiva es más manejable para los estudiantes, e incluso en el ámbito laboral.

b) Al inicio, en el primer borrador, no te detengas en tener todos los detalles, lo importante es tener una primera estructura (esqueleto) de capítulo, al que posteriormente podrás regresar a nutrir, editar, e incluso completar con citas de soporte, o alguna información que consideres importante. Sigue avanzando y deja una pequeña nota en el texto como: "revisar este dato y soportar con alguna referencia" o "cita" o " buscar autor de este tema" y más tarde, u otro día puedes dedicarte a completarlo, lo importante es que por el momento vayas armando la argumentación, el análisis o la descripción según en la parte donde te encuentres del trabajo y fluyas. Ya tendrás tiempo para reforzar algunos contenidos.

Con base en mi experiencia te cuento esta anédcota: recuerdo estar argumentando una tipología de finca productiva agroecológica cuando reflexioné que había leído a un autor que mencionaba en sus estudios recientes las contribuciones socioambientales que estas fincas ofrecían. Recordaba la idea general, pero no los datos precisos, ni la clasificación de las contribuciones, así que articulé el párrafo y dejé una pequeña nota para regresar a complementar esta sección posteriormente.

En ese momento lo importante era articular una serie de ideas, autores e investigaciones que ya había leído y recordaba los conceptos, pero no los detalles, entonces al día siguiente iba a ser más fácil regresar a la investigación y sacar los datos concretos e introducirlos al documento. En algunas ocasiones sólo tenemos que ser prácticos.

Tip #37

Deja notas anzuelos para completar secciones donde no tienes datos precisos. Un día que estés con pocas ganas de escribir o con el síndrome de la página en blanco, te puedes dedicar únicamente a encontrar esa información pendiente y completar ese párrafo.

Para el desarrollo del marco teórico, es recomendable apoyarte de tus compañeros de generación con marcos teóricos afines, algunos autores son intrincados, o presentan narrativas que se salen un poco de nuestra área de conocimiento. Acuerda con tus compañeros leerlos en un plazo fijo y reúnanse a discutir los textos, tres integrantes es ideal para rebotar ideas. Estas sesiones fomentan lo que llamamos una **polinización cruzada del conocimiento**, en una primera ronda cada compañero explica con sus palabras los conceptos abordados en el texto; en una segunda, cada estudiante lo conecta con su tema de investigación y explica cómo este autor o lectura podría aportar en su investigación; finalmente, en una tercera ronda intercambien sus dudas y retroalimenten las ideas entre los tres integrantes. Esto ayudará a que los conceptos sean más claros para todos.

En mi caso estas sesiones fueron enriquecedoras y forjaron lazos de amistad con mis compañeras de posgrado. Éramos tres y cada uno de una disciplina distinta, así que nuestras áreas de especialidad y contexto nos daban una perspectiva que nutría el proceso del otro. Estas reuniones las organizábamos en las casas de cada uno, nos íbamos rotando y el estudiante que hospedaba la reunión preparaba un aperitivo, al final del semestre nos íbamos los tres a cenar para celebrar los avances y presentación del coloquio. El apoyo mutuo y el contar con un grupo de apoyo es clave para darnos ánimos en los momentos complicados, pero también para celebrar en los momentos de logros, esto hará tu viaje más ameno y provechoso.

Tip #38

Inspirados en la naturaleza, observamos que distintos individuos cuando cooperan, en lugar de competir, les permite tener mayor grado de éxito. Así que aprende de la naturaleza y aprende a cooperara con tus compañeros.

En la primera etapa de tu investigación, sobre todo cuando se escribe el estado de la cuestión, puedes realizar una **escritura superproductiva**, utilizando la opción de dictado en tu procesador de textos. **Este truco te permitirá "escribir" más rápido**. En un inicio tendrás que hacer algunas pruebas para revisar si eres capaz de escribir con ayuda de un programa de dictado de voz. Si lo logras, seguramente avanzarás tres veces más rápido en la redacción de tu investigación, que utilizando el teclado.

Tip #39

*Utiliza la herramienta de dictado de Google Drive. Abre un documento en tu Google Drive, en la parte superior selecciona la pestaña de **herramientas**, da clic en el ícono de micrófono (**dictado de voz**) y entonces podrás comenzar a dictar, luego copia y pega en el texto de tu documento de trabajo.*

Un riesgo de este método es que escribimos de una manera y hablamos de otra, así que, para minimizar este riesgo, ten varios documentos científicos a la mano para que puedas basarte en esa información de soporte, asegúrate de utilizar ese tipo de lenguaje científico-académico. Durante el dictado, es probable que se te pasen expresiones coloquiales, por lo que, una vez terminado el texto completo, tendrás que leerlo con dedicación y corregir la escritura, a una de tipo académico. Pero aún con este paso adicional de revisión, seguramente será más rápido que sólo escribir directamente en el teclado.

También te recomiendo hacer lo siguiente: Una vez que tengas claramente definido tu tema de investigación, debes de poner al Gran Buscador a trabajar por ti, mientras duermes. ¿Quieres saber cómo logré esto? Pues te lo platico, es muy fácil, el mayor buscador de información del mundo (Google) tiene una función que puedes activar y ligar con tu cuenta de correo Gmail. Se llama Google Alertas. Con la sesión de tu correo abierta, abres otra ventana de Google para realizar una nueva búsqueda. En la barra indicas "alertas de Google". Esto te llevará a una nueva caja en azul donde aparecerá una nueva barra y ahí activarás las alertas con la palabra clave de tu investigación, es importante que selecciones si deseas recibirlo en inglés o en español. Así que indica la palabra en el idioma deseado. Una vez que activas la palabra clave para que Google te envíe información al respecto, en el ícono de "show options" o mostrar opciones, debes accionar para que te permita indicar y especificar otras funciones, como qué tan frecuente requieres recibir la información, de qué tipo de recursos, en qué lenguaje, en qué país o región, entre otras especificaciones que ayudarán a la alerta de Google establecer ciertos parámetros para mandarte dicha información. Así que te mantendrá actualizando respecto a la información que se publique cada día de tu tema para ayudarte a filtrar y mantenerte actualizado.

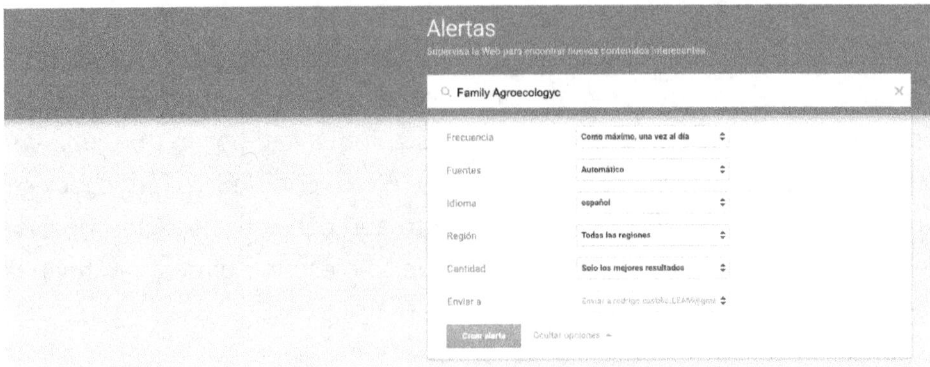

Con estas alertas, la inteligencia artificial de Google estará trabajando mientras tú duermes y al día siguiente, podrás organizar la información para filtrar y seleccionar los días que obtengas información relevante para revisar e integrar en el contenido de tu investigación. Es preciso que también mantengas un orden y orgnices dicha información por carpetas de manera correcta cada día para que no se salga de control tal cantidad de información, también puedes programar las alertas para que en lugar de que te mande una vez al día te la mande una vez a la semana.

Finalmente, otro consejo es utilizar alguna de las Apps que te sugiero en el capítulo dedicado a ellas para practicar y apoyarte en un proceso de mejorar tu velocidad de escritura en el teclado. Practicar y mejorar tu velocidad de escritura, será una habilidad para mejorar tu rendimiento y productividad, lo que te ahorrará mucho tiempo y es para toda la vida.

18. El título y subtítulo de tu tesis

No te preocupes mucho porque el título es lo último que se escribe, así que por el momento redacta un título tentativo que refleja las principales ideas del problema que tu hipótesis plantea. El título, además, dependerá de las conclusiones a las que llegues. Lo que sí puedes hacer siempre que entregues avances es revisar la **matriz de consistencia** que se presenta en este libro y cambia o corrige tu título respecto a tu problema de investigación, la hipótesis y los objetivos de ésta.

Toma en cuenta que el título debe dejar en claro al lector de qué se trata la investigación, y cuál es el objeto y problema de estudio. Es una manera de sintetizar el resultado de la investigación. Se deben considerar cuatro elementos clave: El tema de estudio, la población o grupo de estudio, el lugar y espacio donde se aplica, y finalmente el periodo de tiempo en el que se va a trabajar en este tema.

A continuación, te presento una tabla retomando el ejemplo que habíamos mencionado con anterioridad.

1.	Tema	Diagnóstico de los efectos del glifosato
2.	Población de estudio	Escuelas primarias aledañas a campos de cultivo que emplean glisofato
3.	Lugar de estudio	Autlán, Jalisco
4.	Periodo de estudio	Cosecha 2020

Título opción A: Diagnóstico de los efectos en la salud de niños en escuelas primarias próximas a campos de cultivo que emplean glifosato en Autlán, Jalisco cosecha 2020.

Título opción B: Diagnóstico de los efectos del glifosato en niños de escuelas primarias próximas a campos que emplean este herbicida. Caso: Autlán, Jalisco 2020.

Si sigues esta guía, tu título podrá ser directo, claro y con una estructura correcta. Hay tesis que emplean frases que no son correctas o que pierden el enfoque. Una vez que se revise la matriz de consistencia ajusta el título de manera congruente.

19. Elige el procesador de texto adecuado para ti antes de empezar

. . . .

Un regalo que me hubiera gustado que me dieran desde el día uno al iniciar mi investigación, es una introducción a los diferentes procesadores de texto y sus funciones completas, ya que esto me hubiera ahorrado mucho tiempo. Pero suele suceder que dicha tecnología no existía cuando nuestros profesores desarrollaron sus respectivas tesis o investigaciones, incluso algunos de estos procesadores de textos tienen costo y algunas universidades no lo ponen a disposición de alumnos y profesores. Es importante saber elegir desde un inicio el procesador adecuado que te podría apoyar a hacer más eficiente tu proceso, en mi caso, para cuando conocí uno adecuado, ya tenía varios capítulos escritos y era más trabajo cambiar de procesador en ese momento que continuar con el que ya tenía, así que considera este consejo como un regalo para ti de tu coach Rodrigo O. Jurado.

Uno de los que puedo recomendarte es **Mystilus** porque al momento de realizar una corrección más a detalle de la redacción, este procesador tiene mayores capacidades, examina errores ortográficos, gramaticales y semánticos. Además, puedes descargar este programa en tu procesador de textos Word y utilizarlo directamente, —eso sí: no sustituye la labor de un corrector profesional—.

En caso de que no puedas descargar este procesador, te recomiendo emplear el corrector de Word si usas Microsoft o el corrector de Pages si utilizas Mac de Apple, y enmendar todas esas faltas superficiales que afectan el profesionalismo de tu trabajo. Otros procesadores de texto tal vez menos populares, pero no por ello menos efectivos son **Scrivener, LibreOffice** y **Openoffice**. En el idioma inglés y alemán hay uno popular especial para escritores llamado **Papyrus Author**. Así que esperemos que en el futuro los desarrolladores de software tengan lista su versión en español también, mientras tanto puedes revisarlo y tal vez para cuando leas este libro ya esté disponible. Además, está Google Docs para trabajar archivos compartidos entre varias personas en línea. Te sugiero visitar estos sitios y explorar cuál se adapta mejor a tus necesidades y comodidad. [13]

13. ¿Quieres aprender más acerca de este corrector? Te recomiendo estos videos:

https://www.youtube.com/watch?v=bvOmwfP7n8A&feature=youtu.be

https://www.youtube.com/watch?v=Gzdf05JYXUI&feature=youtu.be

Si lo que necesitas son correctores en línea gratuitos, te sugiero explorar los siguientes para ver cuál te funciona mejor: Stylus; Corrector Castellano online; Corrector.co; CorrectorOrtográgico.Com ; CorrectorOnline.es y LanguageTool.

Existen también recursos como diccionarios y bibliotecas digitales, en particular el primero que hay que consultar es el Diccionario de la Real Academia Española (rae) (si tu tesis está redactada en español). Además de verificar normas de gramática y de ortografía, podrás consultar los siguientes: Diccionario panhispánico de dudas, Nuevo diccionario histórico y Diccionario de americanismos. Estos últimos responden a la demanda manifestada frecuentemente por los hispanohablantes de distintos países. Otros tres sitios populares para este tipo de consulta en línea son: Diccionarios.com, WordReference.com y Universia. Cualquiera de ellos te puede servir para encontrar definiciones.

Una vez terminada tu tesis es conveniente que hagas una revisión para verificar que hayas citado correctamente todas tus referencias y no se cometa plagio, para ello también hay herramientas y sitios en línea que te pueden apoyar a hacer esta revisión, algunos son gratuitos por un número determinado de pruebas o de palabras. [14] Con estas recomendaciones de recursos útiles para tu proceso en la universidad y para el desarrollo de tu carrera profesional me despido de este capítulo.

14. Revisa: Plagiarisma, Plagiarism Detector, PlagScan, CopyCatch, Plagiarism Detector, Plag, Scribbr y EduBirdie. Te recomiendo revisar sus sitios de internet para que verifiques cuál te parece más conveniente para hacer tu revisión final.

Parte IV

La tesis de éxito

Es importante que desde el inicio clarifiques el tipo de tesis que estás realizando. Por ejemplo, una tesis histórica se puede disertar en el plano cronológico o en el plano espacial. Por su parte, en una tesis experimental el plano será inductivo, que incluye algunos sondeos o experimentos puestos a prueba respecto a una teoría o aspecto que se desea profundizar y conocer a mayor detalle, para revisar los resultados. Otro tipo de tesis son aquellas de carácter lógico matemático, por lo que el plano será deductivo, que a partir de una teoría o concepto se proporciona sus posibles aplicaciones y ejemplos concretos aplicados.

El siguiente paso será establecer un índice inicial, que permita esclarecer al investigador el tipo de tesis y la secuencia y el orden con el que se desea ejecutar el trabajo. El índice es un ejercicio que ayuda al estudiante a organizar y establecer una subdivisión lógica de la tesis en capítulos, párrafos y subpárrafos. Es importante también mantener una concordancia y orden a lo largo del documento. Por ejemplo, si el problema principal, deriva dos o tres subproblemas.

Organiza con una secuencia lógica: 1. Problema principal; 1.2, Subproblema principal; 1.3 Subproblema secundario. El punto 2 podría ser, por ejemplo, el Desarrollo del problema central; 2.1, Primera Derivación del problema; 2.3, Segunda Derivación del problema.

Los numerales organizan la estructura y proveen la secuencia de ideas. Es ideal que este mismo orden se mantenga en los siguientes capítulos, por ejemplo, si el Capítulo 3 es Marco Teórico, sería recomendable que siguieras la misma estructura para relacionar los problemas con el marco teórico.

Con el objetivo de reflejar la estructura lógica de la tesis de la mejor manera, es importante organizar el tema central o problema, los temas o problemas periféricos y sus derivaciones. De tal manera que el índice ha de estar articulado en capítulos, párrafos y subpárrafos. Emplea una subdivisión muy analítica para contribuir a la fácil comprensión lógica del argumento de la investigación. Una buena estructura es ideal para iniciar con el pie derecho.

Tip #41

Revisa los índices de varias tesis que traten de un tema relacionado al tuyo, esto te permitirá familiarizarte mejor con dicha estructura y facilitar el desarrollo de tu propio índice. La organización lógica y bien estructurada debe reflejarse desde esta primera instancia

20. La introducción

La Introducción de tu tesis de investigación debe proporcionar un recorrido breve al lector de lo que encontrará en el texto, se recomienda que sea de alrededor de 300 palabras y al menos se deben incluir los siguientes cinco puntos: (1) Resumen breve del planteamiento del problema, da cuenta de cómo la investigación se relaciona con dicho planteamiento; (2) Conecta con la justificación de la investigación, aquí podrás mencionar por qué es de utilidad dicha investigación; (3) Plantea la hipótesis; (4) Introduce la metodología de investigación. También es válido si prefieres redactar primero la metodología de investigación y luego la hipótesis, señalando si dicha hipótesis se confirmó o se descartó; (5) Incluye una breve reseña de cómo está organizada la tesis por capítulos y de qué trata cada uno.

Es tu decisión dar a conocer qué tanto detalle relatas en esta parte de la tesis respecto de los hallazgos, propuestas o conclusiones de la tesis. La redacción de ello dependerá si se desea dejar con curiosidad al lector o si deseas dar un breve adelanto de la información al lector.

21. La Hipótesis

· · · · · · · · · · · · ·

En tu estado de la cuestión (capítulo 22), normalmente el primer capítulo, es importante que lo delimites desde dos frentes, 1) Tu campo de conocimiento, cuál es la selección del área de conocimiento en la que tu investigación se acota; 2) El tema de la tesis. Si te sucede como en mi caso, que fue una investigación transdisciplinaria y el tema de investigación es un tema "frontera" que se encuentra entre varias disciplinas, es necesario indicarlo y explicar por qué analizarlo desde la disciplina no alcanza, entonces continúa redactando por qué se requiere una mirada multidisciplinaria o incluso transdisciplinar.

Para poder determinar la hipótesis, hace falta definir el objetivo principal y los objetivos específicos, también aclarar las condiciones espaciotemporales que delimitan a la investigación.

El objetivo principal (también llamado objetivo general), es el que determina lo que se pretende demostrar con dicha investigación, y que deriva de la pregunta principal de investigación.

Los tipos de objetivos se pueden clasificar en cuatro grupos, según Selltiz (1976):

1. Los que se proponen descubrir nuevos aspectos sobre un fenómeno y llega a explicitar una hipótesis.

2. Los que logran una descripción más precisa de las características de una situación, hecho, fenómeno, referido a un individuo, grupo o comunidad, esto por ejemplo puede ser considerado como objeto de estudio en Ciencias Sociales.

3. Los objetivos orientados a determinar la frecuencia con que ocurre una determinada situación, hecho o fenómeno con lo que un factor pueda ser asociado o relacionado con otro.

4. Aquellos objetivos orientados a la comprobación de la hipótesis de relación causal entre variables.

En la sección para establecer el objetivo general, es importante que el investigador establezca claramente qué va a hacer, cómo lo va a hacer y para qué lo va a hacer, así como quiénes estarán involucrados o cuál es su grupo de estudio en el caso que tenga que trabajar con personas o grupos de población.

Tip #42

Para escribir tu objetivo general de investigación, plantéalo como un párrafo de cuatro a cinco renglones que de manera condensada planteé lo que se va a hacer en la tesis.

La estructura del objetivo general se redacta en infinitivo para indicar lo que se hará: *investigar, confrontar, indagar, plantear, estudiar, describir, planear, elaborar, analizar, definir o conocer*, son ejemplos de verbos en infinitivo. El objeto de estudio particular se refiere al tema central del trabajo de manera concreta. Por ejemplo:

Analizar los efectos del uso de glifosato en los niños, mediante la toma de muestras de sangre y orina en dos grupos de población, los niños que acuden a escuelas primarias rurales rodeadas de campos que se rocían con glifosato, y un segundo grupo que acude a escuelas primarias rurales, alejadas de zonas de campo que son rociadas con glifosato, con el propósito de identificar los efectos en los niños por estar expuestos a estos agroquímicos de manera recurrente y comparar los resultados para poder llegar a conclusiones pertinentes.

Posterior se definen los objetivos específicos, que enuncian las variables a utilizar, así como qué herramientas de medición se aplicarán sobre el fenómeno o la población de estudio. Los objetivos específicos estarán relacionados con las siguientes etapas que se pretende realizar en la investigación; recuerda cómo esto debe estar relacionado en el índice con el mismo orden (objetivo específico 1.1, 1.2, 1.3).

Tip #43

La correcta formulación del objetivo de investigación permitirá saber de qué se tratará la tesis, cómo la abordará el investigador y para qué se realizará dicho trabajo.

Una parte importante, y me atrevería a decir central de la investigación, es la Hipótesis, a la que podemos definir como la respuesta especulativa o tentativa que el investigador plantea como solución ante el problema, y que gira en torno a la investigación. La Hipótesis es el punto de partida de la investigación, ésta es siempre una afirmación tiene que ser ratificada o refutada con evidencias que el investigador es capaz de recopilar. Por lo tanto, nunca se escribe como pregunta. Dependiendo del tipo de investigación puede ser una sola hipótesis, o una principal y varias secundarias.

El orden para crear tu Hipótesis y objetivos es el siguiente:

a) Verbo infinitivo: Analizar

b) Objeto de estudio principal: Los efectos del uso de glifosato en los niños en escuelas primarias rurales expuestos por cercanía a cultivos rociados con este agroquímico.

c) Conector 1: mediante (palabras para conectar ideas, como: a partir de, a través, mediante, etc.)

d) Conector 2: con el propósito (segunda palabra conectora).

Una vez elaborados los objetivos de la tesis de manera clara y concreta, se presentan los objetivos específicos; mi recomendación es realizarlos ya que se tenga armado el capitulado de la investigación para presentar un objetivo específico por capítulo, su construcción, así como la redacción de éste deberá ser sencilla, y debe explicar y hacer uso de: El verbo (en infinitivo), el contenido del capítulo y el objetivo para el cual se realizó dicho capítulo.

Por ejemplo, el primer objetivo específico explicará los antecedentes que dan origen al elemento clave o al objeto de estudio.

El segundo objetivo específico analizará el marco teórico y los referentes conceptuales y posturas tales como X, Y y Z, en los que se sustenta el objeto o tema de estudio.

El tercer objetivo específico establece el marco metodológico del análisis, o el marco jurídico con el cual se regula el objeto de estudio, o el marco que se haya establecido para su análisis, dependerá del tema de la investigación.

Finalmente, el cuarto objetivo específico deberá analizar la problemática existente para lograr X o Y, situación según lo que se haya planteado en la Hipótesis o en los procesos para medir los resultados. Espero que esta estructura te sirva de guion para elaborar tu trabajo.

22. Temas a tratar en cada capítulo de la investigación

A continuación, te presento el orden y contenido para cada capítulo. El primero de ellos presenta el tipo de antecedentes que serán abordados (estado de la cuestión), generalmente se requiere uno de los siguientes: A) Marco histórico (antecedentes), consulta con tu asesor si se debe incluir este aspecto para tu tesis. En éste se presenta la historia, los antecedentes teóricos, legales, las causas y origen, y el desarrollo del tema que se está tratando. B) Antecedentes generales, se puede organizar por épocas, por culturas y por referentes conceptuales. C) Antecedentes relacionados al país o lugar donde se estará realizando la investigación, organizados por antecedentes históricos, legislativos y políticos, en ese país.

Para el segundo capítulo se presenta el marco teórico o marco conceptual. Una vez que ya se abordó el problema y que lo tenemos acotado a las condiciones espaciotemporales que delimitan la investigación, se puede determinar la selección de conceptos pertinentes y necesarios a incorporar en nuestro documento. Aquí es donde presentas la teoría general que será necesaria asumir para tu investigación, presentar las diversas corrientes, incluso si hay posturas enfrentadas, en este caso es necesario presentar ambas y determinar las controversias o explicar en qué va la discusión de dicha controversia. Al finalizar este capítulo es recomendable que logres generar una postura personal al respecto.

En el tercer capítulo se presenta el marco descriptivo o planteamiento del problema. En este apartado se esclarece la problemática existente y explica cómo la investigación se relaciona con dicho problema. Si la investigación es de posgrado es necesario integrar en este capítulo una investigación hemerográfica (revistas especializadas, periódicos), de campo (encuestas, entrevistas, muestreo), computarizada (base de datos, estadísticas, informes o reportes oficiales, legislaciones o jurisprudencias) para dar datos de referencia soportados en una serie de recursos. La idea es que se presenten las causas o antecedentes al problema, el desarrollo y las consecuencias de dicho problema en el marco temporal espacial determinado previamente.

Este capítulo debe incorporar el análisis de las causas (antecedentes), desarrollo y consecuencias del problema planteado. Una breve exposición de la problemática actual, acompañado de datos obtenidos de la investigación hemerográfica, computarizada o de campo que compruebe o soporte con datos, los factores planteados en la problemática; podrás cerrar este capítulo señalando cómo los resultados de tu investigación lograrían contribuir al tema planteado.

En el capítulo cuarto, generalmente se discuten aspectos teóricos planteados en la problemática, relacionados con los aspectos sociales que están implicados en el tema o del área de especialidad de tu tema de investigación. Sería ideal responder si el marco teórico y el de tu especialidad de investigación, se ajustan a la realidad, si se obtienen los resultados esperados al aplicar este marco teórico que apoye el desarrollo de tu investigación.

En una investigación de posgrado este capítulo es clave, ya que es necesario identificar las teorías pertinentes, revisar la actualidad de éstas, analizar cuáles de ellas son adecuadas para tratar la problemática planteada, y así delimitar hacia dónde va dirigida la investigación, alineado con el objetivo principal. Este capítulo es el que te demandará mayor capacidad de análisis y debe ser claramente reflejado en la redacción de éste.

Cuando plantees el marco teórico, identifica quiénes son los autores que hasta el momento han discutido y aportado conocimiento en el tema, las posiciones, corrientes que se manejan, si hay o no controversia en la postura de los autores, etc. No es tarea fácil, sin embargo, he dedicado varios capítulos para darte ideas y consejos e iniciar con esta parte de tu investigación.[15] Sugiero que consultes con profesores de tu institución para solicitarles ayuda en cuanto a la bibliografía o autores que debes revisar. Este capítulo puedes cerrarlo, presentando las soluciones que se exploran o las alternativas para contribuir a la resolución, comprensión o explicación de la problemática planteada.

15. Revisa los capítulos 4 a 7 de este libro.

El orden de los siguientes capítulos de tu tesis de éxito puede variar. En mi caso, plantee para el quinto capítulo, la revisión de resultados a partir de la implementación de la metodología. Explica cómo se diseñó la metodología propuesta y por qué. Además, explica si será una metodología que emplea el método deductivo, inductivo y analítico; el aspecto metodológico es importante en una investigación de posgrado, por lo que es necesario señalar si se trata de una tesis que aplica otros métodos como el hermenéutico, el lógico jurídico, de interpretación, etc. Es recomendable indicar en qué parte de la tesis se emplearán y justificar su aplicación.

El sexto capítulo se refiere a las conclusiones, redacción de propuestas y cierre de la investigación. La redacción de las propuestas que hayan sido planteadas en el capítulo donde se expone el problema, se presentan en una hoja independiente, con el título Propuestas. Si son varias deberán de estar numeradas con letra en forma ordinal y con mayúscula compacta, este criterio también aplica para presentar las conclusiones.

Lo que se concluye de tu investigación se debe de presentar en un apartado independiente, con el título Conclusiones; mi sugerencia es que antes de redactar esta sección revises y vuelvas a leer tu capítulo uno, identifiques el orden de dos o tres aspectos importantes que se hayan tratado y tomarlos como conclusiones en el mismo orden de aparición. Se sugiere dos o tres conclusiones por capítulo, y pueden ser hasta diez conclusiones en total.

No necesariamente son seis o siete capítulos, eso depende del problema a abordar y el tema de la investigación, puede ser que la investigación requiera un capítulo de **antecedentes** –en mi caso lo incluí–, o en **hallazgos** que se requiera explicar más ampliamente los resultados obtenidos y el análisis de estos. Es un aspecto que deberás acordar con tu tutor de tesis y/o con el comité tutorial.

Al final de una tesis se presentan datos como la **bibliografía**, los **anexos** –si así se desea–; esto va a depender del tema y del tipo de tesis que se haya presentado. Es recomendable que en los anexos adjuntes los instrumentos de investigación que se emplearon para desarrollar la investigación y se presenten de una manera organizada y clara, con un título que permita al lector entender qué documento se está presentando y cómo éste se relacionó con tu investigación.

Incluye al inicio una portada, que debe sumar los principales datos de la tesis: Nombre de la Universidad, facultad, departamento o programa. Título de la investigación (señalar si es individual); nombre del posgrado o licenciatura, nombre del autor de la investigación, nombre del tutor de tesis, indicar si hubo comité tutorial y los nombres de los integrantes, lugar, mes y año de terminación del trabajo.

En la parte posterior de tu portada puedes incluir un epígrafe —una frase propia o cita de alguna obra o autor importante que haga referencia al mismo tema de tu investigación o que te haya inspirado en el proceso de ésta. Además, destina una página a dedicatorias y otra más a agradecimientos, incluyendo la institución educativa y al asesor de tesis, familiares y compañeros, profesores y amigos que te acompañaron en este trayecto de vida.

Subsecuentemente incluye el índice del trabajo donde se presenta de manera ordenada y clara la relación de capítulos, subcapítulos, así como su paginación correspondiente, para ser localizados con facilidad. Posterior al índice incluye una breve introducción como ya se señaló al inicio de este capítulo y continúa de manera ordenada con los capítulos indicados. Puedes también generar un índice para tablas y figuras, éste se coloca después de tu bibliografía.

23. La redacción de la tesis

. . . .

Cuando quieras iniciar la redacción de tu tesis, puede pasarte que no sepas ni por dónde empezar, ni el orden que debes seguir. Una manera de romper el hielo y comenzar a soltarte en la redacción de tu tesis, es arrancar con el capítulo del planteamiento del problema, donde podrás ir narrando una serie de datos que den cuenta al lector en qué va la discusión y nos indique de manera clara y precisa acerca del problema que se presenta con relación al objetivo de la tesis. Para ello puedes ir estructurando párrafos con la siguiente configuración:

Por ejemplo, para definir un concepto relevante para explicar un problema, puedes: (1) señalar la definición del autor de referencia "1", seguido de un comentario del investigador a la definición del autor. Enseguida continúa con una (2) segunda definición del autor "2", ligada a un comentario del investigador. Para cerrar el párrafo te sugiero que elabores una conclusión personal derivada de las dos definiciones previas.

También es importante acordar con tu tutor qué formato utilizarás para el aparato de citas. Si utilizaras APA, Vancouver, Harvard, etc. Es importante que tomes en cuenta que, si las citas son textuales en un rango de máximo tres renglones, éstas deben incluirse en el mismo párrafo al final de éste y entre paréntesis indicando autor, fecha/año y página de donde las obtuviste. Si las citas son mayores a tres renglones, debes redactarlas a párrafo en bando,[16] revisa el siguiente ejemplo:

16. En esta liga puedes hacerte una idea clara de las jerarquías del aparato de citas: http://iniciacion-ffyl-unam.blogspot.com/2012/03/el-formato-de-los-trabajos.html

La razón que es enfrentada por la sociología de las ausencias torna presentes experiencias disponibles, pero que están producidas como ausentes y es necesario hacer presentes. La sociología de las emergencias produce experiencias posibles, que no están dadas porque no existen alternativas para ello, pero son posibles y ya existen como emergencia [...] lo que estoy proponiendo es un doble procedimiento: ampliar el presente y contraer el futuro, a través de procedimientos y herramientas que estamos discutiendo [...] la sociología de las ausencias y la sociología de las emergencias van a producir una enorme cantidad de realidad que no existía antes (De Sousa Santos, 2006, p. 13-41).

Escribe en párrafos y posteriormente revisa el orden correcto de ideas, para que tengan una secuencia lógica con conectores lógicos que hilen la discusión. Estos primeros párrafos que empezarán a describir el planteamiento del problema se sugieren también que empiecen de lo general a lo particular, con una secuencia de orden.

17. Aquí puedes saber más acerca de los conectores lógicos: https://www.uexternado.edu.co/wp-content/uploads/2017/03/3.-Conectores-l%C3%B3gicos..pdf

Un ejemplo de ello sería empezar a explicar la problemática a nivel mundial, luego cómo esto se ve afectado a nivel país, provincia o estado, para luego bajar a una escala de región, ciudad o incluso barrio. La escala macro y micro dependerá de la pertinencia de abordaje al problema que se está analizando.

Cabe señalar que cada vez que hagas referencia a definiciones, conceptos, datos o cifras de otros autores y fuentes de información asignes la cita correspondiente en el texto y en la bibliografía de manera correcta.[18]

Ahora bien, para redactar tus comentarios y que éstos se entrelacen con las citas de otros autores, hazlo en tercera persona del plural, por ejemplo: Cómo podemos identificar, los autores antes mencionados coinciden en [...] sin embargo, otros autores como [...], difieren, señalando que [...] finalmente, para este trabajo es interesante revisar la postura de controversia entre los autores, por lo que se propone-concluye [...]

¿Está clara la manera en que debes de empezar a redactar tus primeros párrafos? Recuerda no redactar en primera persona ni utilizar la palabra "yo".[19]

18. Revisa el video tutorial de mi canal de YouTube, donde te explico el uso de la App EndNote para administrar correctamente tus citas en tus documentos de investigación. Hay varios softwares para este objetivo, sin embargo, en lo personal me pareció fácil el uso de EndNote.

19. Finalmente, te comparto esta liga con 10 Tips de cómo redactar mejores ensayos y tesis. Liga del video: https://www.youtube.com/watch?v=4DbJ6OpkwAs

24. El método para la matriz de Consistencia

. . . .

Observa la Tabla 2 y completa los espacios respondiendo al elemento a revisar en cada renglón en la columna B, revisa que en toda la columna exista consistencia en los conceptos y variables utilizado para el título de la investigación, la descripción de la situación variable, la hipótesis, las variables independientes y dependientes, las preguntas y los objetivos de tu investigación. En la columna C, registra los observables que vas a considerar en la metodología de investigación.

a) Elemento	b) Conceptos y variables	c) Observables
Título de la investigación		
Situación-problema		
Hipótesis		
Variables independientes y dependientes		
Preguntas		
Objetivos		

Tabla 2: Matriz de consistencia

Fuente: Elaboración propia con información de Creswell, J. (2012). Research design.

Tip #44

Revisa la consistencia de conceptos y variables a lo largo de todo tu documento. Verifica que sean los mismos para describir y analizar claramente tu texto. ¡Utiliza esta tabla para revisar tu texto y aplícala!

Esta estructura te servirá para regresar a tu documento y hacer las correcciones pertinentes en las distintas partes de este.

Parte V
Entrena tu productividad ahora, para toda la vida

25. ¿Cómo aprender? Conviértete en un estudiante de éxito

. . . .

El proceso de aprendizaje inicia desde que nacemos, pero el contenido y su complejidad va cambiando a lo largo de los años. Durante todo el recorrido educativo, los estudiantes aprenden nuevas herramientas, ideas, teorías, etc. No se trata sólo de ingresar información al cerebro, sino de incorporarla para nutrir otra serie de funciones o habilidades *suaves*, como: el pensamiento crítico, la capacidad argumentativa, la capacidad de pensamiento sistémico, entre otros.

Pero ¿cómo se aprende un contenido por primera vez? Para lograrlo, se requieren dos pasos clave: 1) Entenderlo y 2) Recordarlo. Si se logran estos dos procesos más adelante podrás aplicarlo, integrarlo, utilizarlo, formularlo, enseñarlo, discutirlo, cuestionarlo e incluso decidir desecharlo.

Al lograrlo puedes mejorar tu desarrollo y desempeño. Así, cuando recién termines una lectura con contenido totalmente nuevo para ti, pregúntate si pudiste entenderlo y luego durante la semana trata de recordarlo o incorporarlo a tu investigación y en las conversaciones casuales con tus amigos. Esto fortalecerá el proceso. Sin embargo, existen estudiantes que tienen una actitud de sólo querer escuchar conceptos o de leer conceptos sin realmente entenderlos, sin poder incorporarlos. Es importante que en esta etapa de tu desarrollo aproveches para ejercitar esta habilidad y refuerces tu propia capacidad de aprender. De acuerdo con William Glasser, hay formas en las que el aprendizaje permanece en menor o mayor grado, dependiendo de cómo recibamos el conocimiento, y qué hacemos con él. En la Figura 7, podemos ver en la columna derecha, el porcentaje de retención del conocimiento, según el tipo de actividad.

Figura 7. Capacidad para aprender según la actividad de aprendizaje.
Elaboración propia con base en la interpretación de William Glasser.

Cuando entiendes algo, eres capaz de explicarlo con facilidad. Ahora bien ¿Qué hacer cuando has leído algo y no lo comprendes? Aquí te sugiero tres acciones:

1. Después de leer dos o tres párrafos, pregúntate qué has aprendido, cuál es el punto principal o las ideas clave, cómo puedo explicar esto con mis propias palabras; ésta es la técnica de parafraseo.

20. Si te interesa saber cómo crear mapas mentales revisa la parte 5 capítulo 27, referente a las Apps recomendadas.

2. Este proceso puede complementarse al usar tarjetas didácticas para aprender conceptos que necesitas digerir; la idea es que las tarjetas tengan escritas por un lado las palabras o conceptos clave, y por el reverso la explicación para integrar este conocimiento. Utiliza las tarjetas didácticas, pero no para repetir los conceptos sino para explicarte su funcionamiento y aplicación. Esto será una gran diferencia en tus estudios. A esta técnica se le conoce como recuerdo activo.

3. Aplica la repetición espaciada. Puedes emplear esta técnica de varias maneras, por ejemplo, puedes ponerte mini exámenes periódicamente; puedes practicar con tarjetas didácticas (*flashcards*); puedes hace un mapa mental conectando conceptos e ideas; puedes hacer un diagrama de telaraña, escribiendo todo lo que conoces sobre determinado tema. El punto es probarte

a ti mismo constantemente en diferentes momentos y de manera espaciada a lo largo del semestre y revisar qué conceptos o procesos necesitas reforzar.[20]

Pruébate a ti mismo en diferentes intervalos temporales. Emplea un tiempo para autoexplicarte y realiza una historia del contenido; puedes hacer conexiones entre conceptos y repasarlos para asimilarlos conforme los revisas, así será mucho más fácil recordarlos posteriormente.

Una *App* para crear tarjetas didácticas es **Anki**, esta herramienta digital es un programa que permite que el recordar datos, puntos y cosas, sea sencillo. Este programa soporta imágenes, audio, videos y notación científica (por medio de LaTeX), las posibilidades son ilimitadas. Puedes crear tu propio contenido para apoyar tu proceso de aprendizaje y hacerlo más lúdico y divertido. Para las personas más visuales, será una herramienta que te ayudará mucho en el aprendizaje, ya que **Anki** es más eficiente que los métodos de estudio convencionales y puedes tanto disminuir el tiempo que inviertes estudiando, como aumentar la cantidad de cosas que aprendes. Esta aplicación es ideal para reforzar ejercicios que promuevan la examinación de recuerdo activo (**Active Recall Testing**) y repetición espaciada (**Spaced Repetition**).

Otra *App* que puede ayudarte a crear tus propios exámenes es **Kahoot**; crea tu perfil usando una cuenta de correo educativa y diseña tus propias preguntas para estudiar. Esta aplicación es interactiva e incluso puedes usarla para estudiar en grupo con tus compañeros. Te recomiendo que la utilices para aplicar el método de repetición espaciada y la examinación de recuerdo activo, y repitas los exámenes que tú mismo has diseñado con los conceptos clave a lo largo de varias semanas.

Una de las técnicas con las que mejores resultados he obtenido es la **relectura**, esto consiste en hacer una primera lectura del libro o del texto. Una vez que organizas tus citas más importantes por temática o por capítulo de libro, se realiza una segunda lectura sólo de las citas que te parecieron más relevantes; esto te permitirá hacer un ejercicio de síntesis eficiente y además interconectar ideas. Definitivamente esto es a lo que llamo una *Tesis de éxito 4.0*, el siguiente nivel para el éxito.

Tip #45

Emplea diversas técnicas como el parafraseo, recuerdo activo, repetición espaciada y relectura para reforzar tu proceso de aprendizaje en esta etapa de tu formación y ¡para el resto de ella! Ya que las puedes aplicar para muchos procesos a lo largo de tu vida.

26. Mi método de escritura y lectura efectiva

Uno de los retos más grandes que enfrentan los estudiantes de posgrado es la gran cantidad de información que deben absorber y procesar en poco tiempo. Dependiendo del posgrado que elijas hacer, te llevará uno, dos, tres, incluso hasta cuatro años completarlo, así que un buen consejo es, sobre todo en el primer año, realizar prácticas de escritura y lectura que te permitan mejorar tus habilidades y desarrollar mayor rapidez.

El tutor que no ayuda

Fortalecer tus habilidades para una escritura rápida que mejore tu velocidad es una buena idea no sólo para el posgrado, sino para toda tu vida.

Tip #46

Un consejo para que practiques y mejores la velocidad de tu escritura es utilizar la plataforma 10fastfingers.com (Figura 8). Mediante una práctica diaria de diez minutos, este sitio te ofrece ejercicios con el objetivo de mejorar tus habilidades de escritura.

Esta plataforma también mide cuántos errores cometes, y marca al final del ejercicio cuántas palabras fueron escritas correctamente a la primera y cuántas veces te equivocaste, midiendo tu asertividad. Además, indirectamente te permite visualizar el reforzamiento de tu ortografía, pues las palabras que aparecen en la plataforma ya están correctamente escritas. Después de un tiempo determinado en la prueba, te arroja la velocidad de tu escritura contando el número de palabras por minuto (p/m). En mi caso inicié con 44 p/m y con la práctica mejoré hasta 150 (p/m) ¡Es asombroso y muy motivador! Una buena noticia es que 10fastfingers.com ya cuenta con los ejercicios en idioma español.

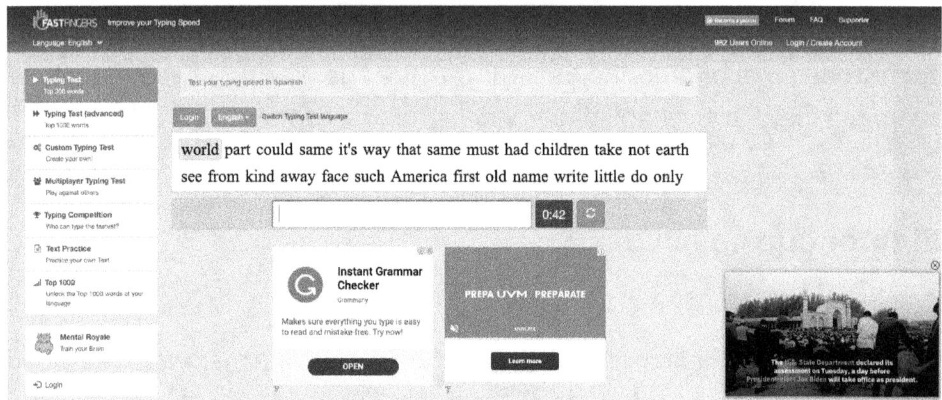

Figura 8. Vista de 10fastfingers.com

Si vas a estar escribiendo durante los próximos 4 años intensivamente y el resto de vida, acelerar al doble tu habilidad de escritura ayudará a ahorrarte mucho tiempo en esta tarea, lo que te permitirá dedicar ese tiempo a otras prioridades :)

10fastfingers.com es de mis plataformas favoritas porque registra tu velocidad inicial, y conforme haces ejercicios cortos te indica tus mejoras. Te aseguro que si lo practicas por un mes notarás una diferencia positiva.

Hay otra plataforma que también te permite practicar y mejorar la velocidad de tu escritura, se trata de **keybr.com**, te invito a que explores y decidas cuál de las dos te gusta más. Si dentro de tu tiempo diario dedicado a tu investigación reservas cinco o diez minutos a este tipo de ejercicios a manera de "calentamiento" tanto de tus dedos, como de tu cerebro, será una actividad que después de hacerla más de veintiún días consecutivos, notarás como la habrás incorporado a tu rutina y es sorprendente cómo en cuestión de días, se fortalece esta habilidad, que a la larga te ayudará a ahorrar tiempo, aumentar tu eficiencia y productividad.

Tip #47

*Para mejorar la velocidad de tu escritura, usa comandos de tu teclado. Por ejemplo: **Shift + Ctrl + flecha (<^v>)**, selecciona el texto deseado y posteriormente puedes seleccionar la tecla borrar, lo que provocará que borrará la palabra anterior, **Ctrl + C**, para copiar, **Ctrl + V**, para pegar, etc.* [21]

21. Si deseas conocer la lista de atajos que te ofrece tu teclado en Microsoft, ingresa a: https://support.microsoft.com/es-ec/help/22806/windows-10-narrator-keyboard-commands-touch-gestures, si es en Mac, revisa: https://support.apple.com/es-es/HT201236

Espero que estos consejos te ayuden a hacer más eficiente tu proceso de escritura y ahorres tiempo, lo importante es que maximices los recursos que tienes y el tiempo es uno valioso, pero además de la escritura, en la lectura también puedes aprovechar y mejorar tu proceso para que conforme avances y practiques logres desarrollar mejor tus habilidades lectoras.

Lectura rápida

Sobre todo, durante un doctorado, tendrás que leer una gran cantidad de libros. En ocasiones no tomarás uno de ellos para su lectura de inicio a fin. En mi caso, cuando selecciono los libros que tengo que leer, reviso el índice y elijo solamente los capítulos que me interesan por el tema que abordan y que podrían contribuir a mi investigación, en ocasiones leo la introducción de la obra, uno o dos capítulos relevantes y el cierre del volumen o conclusiones. Hay que empezar a pensar que es correcto no terminar de leer el libro en su totalidad, hay que tratarlos como fuentes de información y tomar justo lo que necesitamos de ellos.

Personalmente, marco o subrayo con lápiz las ideas relevantes o los párrafos que me interesan. Cuando haya una cita que podría apoyar mi investigación y soportar algún punto importante, utilizo un *post-it* de algún color para marcar las páginas donde está la cita que me interesa; en el párrafo donde se encuentra la cita coloco un asterisco y en esa hoja pego el *post-it* basado en mi propio código de colores por tema. Así identifico citas para el estado de la cuestión, la problemática, o si es para algún capítulo en particular.

Una vez que termino de leer los capítulos y tengo una serie de citas, trato de introducirlas a los capítulos de mi investigación con las ideas frescas, si no estoy seguro dónde insertarlas, al menos la ubico y la marco con un color especial para saber que más adelante podría dedicar tiempo para articular la cita en la sección que corresponde. También en ese momento ubico la cita para la bibliografía y después no perderla.

Acostúmbrate a incorporar la lectura a tu vida diaria, al igual que la escritura, con el tiempo podrás aumentar la cantidad y rapidez de tus ojos sobre las palabras. Yo trato de leer un libro por semana, ¡esto representa haber leído 100 libros durante dos años del doctorado! Para que tengas una idea este nivel de lectura me permitió lograr tener una tesis con 258 citas de diversos autores o recursos.

Haz de tus lecturas una rutina, expandirás tus límites. Leer es un proceso de nutrición constante que te permitirá enriquecer tu vida. Yo trato de leer al menos de veinte minutos a media hora antes de irme a dormir; y a media tarde, cuando tomo un descanso, me gusta relajarme con lecturas cortas.

Tip #48

Adquiere o suscríbete a Kindle en Amazon, esta es una buena inversión, los precios de los textos en formato digital en Kindle son más baratos que los de los libros impresos, así que por una menor inversión podrás adquirir más recursos a menor precio, además de contribuir con salvar muchos árboles.

Navega en la tienda de Kindle, en Google Books, Casa del Libro, entre otras, para revisar en tu tema de investigación qué tanto contenido hay en español y en inglés para que puedas determinar si te conviene suscribirte. Analiza si te es provechoso una suscripción mensual, revisa el costo en tu país y el costo de lo que cuesta un libro físico. Cada mes la plataforma pone diversos libros para descarga gratuita.

Sin lugar a duda es buena idea hacer este tipo de inversión. Puedes adquirir el dispositivo electrónico de Kindle o simplemente descargar la aplicación en tu pc o en tu tableta electrónica. Sobre tus títulos descargados puedes hacer notas y subrayar las secciones que consideres importantes. Si, por el contrario, no te subscribes mensualmente y pagas por bajar los libros que te conviene, estos lo podrás bajar a tu dispositivo y agregar varios vínculos a tu cuenta de Amazon, sincronizarlos y listo. Mis libros están descargados en mi laptop y en mi tableta electrónica. El tener el acceso fácil te acercará a adquirir el hábito de leer continuamente.

Otro tip es que no todo deben ser lecturas relacionadas con tu tema de investigación, dale algunos momentos de relajación a tu cerebro y de vez en cuando aprovecha para leer novelas, libros de aventuras o viajes, o incluso de autoayuda. También se puede hacer un escaneo general de un libro buscando información o citas específicas. Puedes leer el inicio del párrafo, el centro y el final, la última frase. Eso se llama lectura rápida. Es una lectura eficiente con la que puedes captar las ideas principales en poco tiempo.

Otra técnica de lectura rápida es leer las primeras palabras del renglón, las de en medio y las últimas para captar las ideas generales, y luego detenerte a leer las frases completas cuando encuentres contenido relevante. Recuerda que los capítulos de cualquier libro tienen información de "relleno" o de contexto que puedes evitar para fijar tu vista donde realmente está la información relevante.

Una práctica que ejercito es leer lápiz en mano, así cuando encuentro conceptos relevantes los encierro en un círculo, cuando veo frases poderosas para mi investigación las subrayo, cuando son citas les pongo paréntesis y un *post-it* para incorporarlas más tarde e incluso hago anotaciones a un lado de los párrafos. Lo sé: para algunas personas rayar un libro es como si se tratara de un sacrilegio, sin embargo, para mí un libro es un documento de trabajo que complementa y nutre mi investigación, así que de ellos obtengo el mayor provecho y si es necesario rayarlos, lo hago sin consentimientos.

Tip #49

Incorpora a tu vida la rutina de escuchar audiolibros cuando estás en el auto en un embotellamiento o corriendo en el parque o en el gimnasio. Si necesitas descansar puedes escuchar audiolibros de autoayuda o de otras lecturas.

Finalmente, para hacer más eficiente tu proceso de lectura hay dos *Apps* que te recomiendo ampliamente que revises para apoyar este proceso: Audible y Goodreads, en el siguiente capítulo te recomendaré y explicaré cómo funcionan. La *App* de *Audible*, es un audiolibro lo que te permitirá acceder a más información más rápido, mientras haces otras actividades. La App de Goodreads fomenta la lectura y además te permite registrar tus libros. Es como la red social de los lectores.

27. Mi método usando las *Apps* para incrementar mi productividad

Existen una gran cantidad de *Apps* y software para incrementar tu productividad, y en general el éxito en tu trayecto académico, ya sea de licenciatura o posgrado, que apoyan y logran fortalecer ciertas competencias de los estudiantes. A continuación, quiero mencionar algunas que me han servido en mi recorrido y que podrían ser de utilidad para tu etapa de investigación.

Libros y contenido auditivo

Audible.com es una plataforma con muchos recursos; por el momento sólo tienen audiolibros en inglés, español y francés, pero la aplicación detecta el país donde te encuentras. Por ejemplo, cuando realicé mi estancia de investigación en Canadá, esta *App* me redireccionaba a la plataforma con recursos en inglés y francés. La descarga de la aplicación es gratuita con un periodo de treinta días de prueba, para ver si te convence.

Considero que Audible.com te permite ahorrar tiempo al adquirir información del audiolibro mientras realizas otras cosas de rutina que no te implican mucha concentración, por lo que tu mente se puede mantener enfocada en escuchar y asimilar el contenido.

Goodreads es una App, una especie de red social de libros donde puedes evaluar cada documento de lectura, y donde puedes escribir reseñas y recomendar los libros que has consultado. También puedes leer las descripciones de otras personas y obtener recomendaciones, se convierte en una especie de juego en el que vas registrando cada libro leído y es emocionante ver cómo va creciendo tu propia biblioteca en dicha plataforma.

Algunos de los títulos que yo decidí leer me fueron sugeridos por la plataforma, y otros los conocí por recomendaciones de personas. Esta App la puedes vincular con tu cuenta de Amazon y Facebook, y así compartir tus logros. También tiene una sección de comunidad donde puedes encontrarte con otros grupos, foros de discusión, citas e incluso hacer preguntas a los autores. Te recomiendo que la explores y decidas si la incorporas al inicio de tus estudios. Si así lo deseas, me puedes agregar como amigo en Goodreads como Rodrigo Coaching Universitario.

Manejo de citas y bibliografía

EndNote es una aplicación que ciertas universidades tienen acceso a ella. Para usarla se requiere crear una cuenta, de preferencia con un correo electrónico universitario. Esta herramienta se sincroniza con tu Word, en ocasiones sincronizarla por primera vez es un poco complicado, pero si necesitas apoyo seguramente en tu universidad te podrán guiar en este proceso. Esta aplicación sirve para crear una base de datos de la bibliografía que utilizarás en tu investigación, al principio parecerá un poco tedioso capturar la información de cada cita o referencia que utilices en tu tesis.

Una vez que das de alta la información en la *App*, podrás insertar las citas en tu tesis dando clic en el ícono de EndNote, buscas el autor por apellido, seleccionas el autor correspondiente a citar, y en automático la aplicación vincula la información de tu base de datos con tu documento de Word, además, incluye en la bibliografía la cita recién agregada. Adicionalmente, puedes elegir el formato de citación de tu documento (APA, Sage Harvard, Vancouver, etc.), mismo que puede modificar de un formato a otro, directamente en tu documento en pocos pasos. Este aspecto es útil porque si posteriormente decides publicar parte de tu tesis en revistas científicas, podrás cambiar el formato de citación con un solo clic, y ajustar la parte de tu documento al formato que la revista exija. Si en tu tesis utilizaste formato apa y la revista utiliza el formato sage Harvard, puedes ahorrarte mucho tiempo y dolor de cabeza porque esta aplicación lo ajusta con un cambio sencillo a través del comando para hacerlo. Tal vez es más sencillo aprender a usar EndNote mediante un video, así que, si deseas conocer más a detalle cómo utilizar esta aplicación para tu tesis y trabajos de investigación, ve el tutorial que preparé para ti en mi canal de Youtube, donde te explico cómo utilizarlo de manera gráfica. Revísalo en el canal: Coaching Universitario.

Interactuar con grupos de trabajo

Menti es una aplicación para cuando tienes que trabajar con personas y deseas conocer las ideas y opiniones de tu grupo de estudio. Como investigador, puedes diseñar diferentes actividades para hacer preguntas a tu grupo y pedirles que accedan al sitio de Internet y capturen sus respuestas. El investigador podrá conocer las respuestas desde la plataforma y analizar la información arrojada. Esta aplicación te permitirá diseñar diferentes tipos de encuestas en línea y con un código QR, o un número de acceso que los encuestados deberán usar en sus dispositivos móviles para participar, de tal manera que podrás hacerlo desde una videoconferencia de manera remota.

Escritura: organización y vinculación de información

Encontrar la *App* perfecta para tomar notas, es esencial para hacer más eficiente tu lectura y tu proceso de escritura. Una de ellas es Evernote, otra más Microsoft OneNote. Estas aplicaciones funcionan como un cuaderno que puedes organizar a manera de una biblioteca. Asegúrate de organizarla de manera lógica para ti y tu investigación. Sin embargo, éstas son un tanto más rígidas que las que enlisto a continuación.

Roam Research es una herramienta que además de apoyarte a tomar notas, interconecta ideas, conceptos y autores con inteligencia artificial, entretejiendo una especie de red que ayuda resolver problemas que de otro modo serían intratables. Así que esta plataforma te podrá ayudar a escribir y al mismo tiempo organizar las ideas que se relacionan, de manera más eficaz. La plataforma te propone organizar mejor los pensamientos, e incluso te puede ayudar a organizar la estructura de tu tesis, el índice y las ideas para cada sección de ésta. No dejes de explorarla para una experiencia 4.0 de tu tesis.

Lo que sí es importante considerar, es que decidas la app con la que vas a iniciar como herramienta al principio de tu investigación. Recuerda que no sería ideal estar cambiando de plataforma a la mitad de tu tesis, eso sería doloroso y costoso en tiempo, porque tendrías que reiniciar lo ya capturado anteriormente. Mi sugerencia es que te tomes el tiempo de explorar las diferentes opciones, revisa la opinión de otros usuarios de tu facultad y trata de elegir el que mejor se adapte a tu personalidad y comodidad. Hay otras opciones muy conocidas como Click up y Trello, tal vez quieras revisarlas por tu cuenta, en lo personal me quedo con Notion Notes y Roam Research.

Notion Notes, como sus desarrolladores dicen, ayudan a los estudiantes a traer orden en el caos de su investigación. Si bien tiene costo, hay una opción gratuita para estudiantes y profesores. En Notion, todo el trabajo convive, lo que te permite contar con nuevas posibilidades. Toma su tiempo tomar un tutorial para explorar las diferentes opciones y alternativas que tienes con esta plataforma, pero sin lugar a duda, merece la pena explorarla.

Además de una sección para tomar notas, Notion Notes también tiene otras funciones como lista de lecturas, tareas y proyectos y la agenda semanal para organizar tus diferentes tareas en el tiempo. Cuenta con una sección para indicar tu diario. Hay que pagar una subscripción si deseas hacer uso de las funciones premium o compartir la plataforma para trabajar en equipo, pero para funciones básicas individuales existe la opción gratuita.

Figura 9. Vista general del portal web Notion.

Crea contenido visual e infografias

Para apoyarte en la creación de recursos gráficos a incluir en tu investigación, está Canva. Esta *App* tiene una versión gratuita que es lo suficientemente amplia para crear gráficos, portadas e imágenes; entre otras posibilidades te permite seleccionar tipo de letras, colores, fotografías y un sin número de recursos gratuitos. Algunos recursos y opciones tienen costo individual o puedes pagar una membresía para tener acceso a muchas más opciones. Personalmente creo que la opción gratuita es suficiente, yo la he utilizado ampliamente para trabajar mis propias fotografías y no he tenido la necesidad de pagar. Así que lo menos que puedo hacer en agradecimiento a tantos años de disfrutarla gratuitamente, es recomendarla. Gracias a la creadora de Canva por darnos una aplicación útil y estéticamente agradable.

Te recomiendo que explores sobre todo la sección de infografías, donde incluso hay algunos formatos o diseños precargados disponibles que puedes editar el texto y la información, para explicar de manera gráfica información compleja, y transmitir un mensaje claro, atractivo y si lo haces bien, más simple. Este lo puedes utilizar sobre todo para la síntesis de la problemática y para los hallazgos. Aunque para una tesis o una investigación, no se espera que haya una gran cantidad gráficos e imágenes, no abuses de este recurso. También depende del tipo de investigación que realices y el tema que abordes, tal vez esto es algo que debas acordar y discutir con tu tutor.[22]

22. Te dejo el tutorial de Canva para que puedas acercarte con mayor decisión: https://www.canva.com/es_es/educacion/

28. Utiliza el networking a tu favor para mayor productividad

. . . .

Otro consejo de productividad que te quiero dejar es que utilices tu networking a tu favor, yo no había sido consciente de ello hasta que viví una experiencia que en este capítulo te cuento, y que gracias a ella logré ahorrar mucho tiempo, esfuerzo y logré una sinergia que actuó a mi favor. Espero que este relato que te comparto te ayude a seguir enriqueciendo tu proceso.

Hay dos aspectos importantes en toda investigación de posgrado: 1) El grupo de estudio de tu investigación y 2) dónde la vas a hacer. Para estos dos aspectos te recomiendo que hagas uso de tu red de contactos, como parte de tu estrategia. Para ambos casos tu red de relaciones sociales puede ayudarte mucho. En ocasiones la parte más difícil de una investigación es tener acceso a los sujetos o grupos de población que se está interesado en estudiar.

Recuerdo que una compañera de doctorado tenía como grupo de estudio a mujeres encarceladas que fueran madres con hijos menores de edad, que además vivían con ellas en el interior de la prisión. El objetivo de la investigación era conocer los abusos que ellas y sus hijos eran objeto por parte de la autoridad. Como requería de permisos gubernamentales para entrar al penal y realizar sus entrevistas, tenía que explicar a la autoridad competente el objetivo de la investigación, sin embargo, no tenía un contacto clave que le permitiera el acceso a este grupo, por lo tanto, terminó por cambiar de grupo de población de estudio debido a lo inaccesible del grupo original.

Así que contar con una red de contactos que pueda vincularte con el grupo de población, o que te ayude en las gestiones y permisos necesarios para lograrlo, es importante. Considera que, si no conoces a alguien estratégico, recurre a tu universidad o a tu tutor, quienes te podrán ayudar con cartas y gestiones para vincularte con el ámbito que deseas investigar. Pero siempre será mejor visto que el estudiante logre la autogestión y sea capaz de arreglárselas por sí mismo.

Existen personas a las que de manera natural se les dan las relaciones sociales y otras a las que les cuesta un poco más de trabajo acercarse con el otro. Mi recomendación es que lo veas como una habilidad más para desarrollar en esta etapa y adoptes una actitud estratégica y *de conector*. Con esfuerzo podrás empezar a gestionar relaciones interpersonales de manera fluida, generando impacto y logrando tener acceso a grupos de personas o lugares, donde se encuentre tu objeto de estudio. Mi consejo es que adoptes esta actitud y hagas de estas relaciones algo natural, genuino y enriquecedor.

Tip #50

*Platica con otras personas acerca de tu investigación y el objetivo que pretendes lograr con ella, uno nunca sabe dónde podrías **conectar** con alguien que a la vez te puede **vincular** con otra persona para el desarrollo de tu investigación.*

Te invito a que hagas un poco el rol de detective y vayas tras la pista. Mantenerte alerta y conversar con personas que tengan una red más amplia que la tuya también puede ayudar. Recuerdo que, al platicar con una exprofesora de la universidad, le compartí mi proyecto de investigación y justo ella conocía al director de un centro de investigación en España relacionado con mi tesis. Posteriormente esta profesora me ayudó a contactarlos y pude realizar una entrevista con ellos como parte del proceso de mi investigación.

Tip #51

Practica tu discurso para ser capaz de explicar tu investigación de posgrado en cinco minutos. Imagina que te subes a un elevador y durante el trayecto de éste, eres capaz de explicar tu objetivo de investigación de manera breve y clara. Aplica esta técnica en cada oportunidad que tengas con alguien.

Otra estrategia que puedes usar es dedicar tiempo a cultivar las relaciones estratégicas que más adelante te podrán ayudar a hacer de tu investigación una con mayor impacto. Investiga los centros de estudio del mismo tema. Un buen protocolo de investigación, un buen currículo y la carta correcta podría abrirte las puertas para realizar estancias de investigación por periodos cortos para complementar o realizar parte de tu investigación.

Somos seres sociales y esta cotidianidad está formada por una red de contactos de la que somos parte, así que podrías realizar un mapa de actores clave a integrarse en tu red para profundizar en tu investigación. Recuerda que las relaciones, los vínculos profesionales y personales son clave para lograr mejores resultados; también recuerda que, bajo el pretexto de dicha investigación, podrías generar contactos que el día de mañana te abrirán nuevas perspectivas laborales a futuro. Para lograr desarrollar esta habilidad de conector, deberás recordar los nombres de las personas y si no eres bueno en ello, anótalos. Cuando te relacionas con la otra persona y recuerdas su nombre, haces que se acorte la distancia y empezarás con el pie derecho.

Tip #52

Trata a la otra persona tal como te gustaría que te trataran a ti y muestra un interés genuino por ella. Sé una persona auténtica y generosa en cada oportunidad. No sólo se trata de sacar beneficios personales. Es una oportunidad de compartir las ganancias.

Una actitud positiva para con las demás personas, es pensar en dar más que en recibir. Sé una persona generosa y muestra apoyo a los demás. Con ello crearás un círculo virtuoso y tarde o temprano te regresará esa buena acción que hiciste para otras personas, recuerda que la generosidad es una base fundamental para construir relaciones fructíferas. Piensa más en cooperación, en lugar de competición.

Cuando necesites algún apoyo, te recomiendo hacerlo de manera franca y clara. Formula explícitamente qué necesitas de las personas y en qué manera te podría ayudar con tu objetivo de investigación y cómo esto podría traer un beneficio o impacto para los involucrados. Independientemente de la respuesta de la otra persona, mantente agradecido y atento a su respuesta y al seguimiento. Muchas veces los seres humanos olvidamos dar seguimiento a lo que se comprometen, por lo que será necesario que establezcas un segundo contacto más suave para "recordar" y dar seguimiento al compromiso con la persona que te va a ayudar en algún proceso de tu investigación. Muéstrate firme y seguro de lo que estás haciendo, un buen protocolo, dominio del tema de tu investigación y tener relaciones estratégicas, te permitirá sentirte seguro de lo que estás haciendo y tomar los siguientes pasos con firmeza. Recuerda desarrollar esta práctica de conector y ampliar tu *networking* puede ser una estrategia por demás productiva que seguramente te rendirá frutos.

Parte VI
Mis mejores consejos como tu *Coach*

29. Para cuando quieras tirar la toalla

. . . .

Ésta es una sensación que en varias ocasiones puede acompañarte. Como todo en la vida, habrá días buenos y los habrá malos. Lo importante es no desanimarse y mantenerte firme hacia tu objetivo. No te agobies por situaciones en el corto plazo que tal vez no puedas cambiar o no sea tan fácil de cambiar, por el contrario, centra tu mirada en la perspectiva amplia y de largo plazo.

¿Recuerdas el ejercicio de escribir una carta a "tu Yo" futuro dentro de diez o veinte años? Justo cuando sientas que quieres "tirar la toalla" es un buen momento para acudir a tu carta y recordar por qué estás ahí, qué fue lo que te prometiste y cuáles son tus metas a largo plazo. Si consideras necesario léela en estos momentos y vuelve a guardarla en tu cajón.

Si aún así te sientes agobiado y con la misma sensación de rendirte, piensa en todas las personas que en su vida no estarían donde están si hubieran tirado lo toalla a la primera dificultad. ¿Crees que tendríamos muchos de los descubrimientos y avances con los que hoy contamos? Seguramente estas personas también enfrentaron desafíos y contratiempos en su momento, pero no por ello abandonaron sus sueños y se rindieron. Recuerda que todo esfuerzo vale la pena y será recompensado, también recuerda a quién le has dedicado esta investigación.

Tip #53

Ten a la mano la carta que le escribiste a tu Yo del futuro para leerla dentro de diez años. En los momentos difíciles puedes abrirla y volverla a leer, vuelve a sellar y a guardar para leerla dentro de otros diez años.

30. Para cuando tus profesores y/o tutores quebranten tu moral

. . . .

Seguramente en más de una ocasión tendrás que enfrentar las críticas y comentarios negativos sobre tu tesis, y los cuestionamientos de profesores y tutores. Créeme, a todos nos ha pasado, no serás ni la primera ni la última persona que lo enfrentará. Lo importante es mantener una actitud positiva, para adelante y con la mirada en alto. Poco a poco, con cada lectura adicional que realices, con cada entrevista, con cada día que avances y adquieras más conocimiento y experiencia tendrás una visión más amplia, y una comprensión más cercana a la realidad del tema que estás investigando. Tu trabajo como investigador te mantiene en contacto con el fenómeno que estudias y es ese tesón del día a día, de avanzar poco a poco, el que hace que llegues a conocer mejor el objeto de estudio que tus propios tutores.

Recuerda el dicho que dice que el alumno llegó a superar al maestro. Cada crítica que recibimos, posiblemente nos haga sentir agredidos y molestos, pero recuerda que es una cuestión de tu ego. Hay que dejar el ego de lado y enfocarte en el largo plazo y enfócate en que más adelante algún día, lograras tener una comprensión y dominio más amplio del problema, que te permitirá incluso aportar nuevo conocimiento. Ese debe de ser el enfoque, no el de perseguir el ego y la celebración.

Lamentablemente, en el ámbito académico, sobre todo con los investigadores de "la vieja escuela", mejor conocidos como vacas sagradas, pueden demeritar y desacreditar el trabajo de algunos estudiantes. Ésta es una práctica lamentable que debe terminar. Los llamados investigadores consagrados son tan humanos y valiosos como cualquier otro, incluyendo un estudiante que aspira a concluir sus estudios de maestría o doctorado.

Tip #54

Escucha la crítica, valida información, toma en cuenta las recomendaciones. El trabajo de profesores, tutores y comité tutorial debe guiarte y sacar lo mejor de ti y de tu investigación. Si no atiendes las recomendaciones, difícilmente dejarás de ser criticado en las revisiones y presentaciones.

En mi experiencia, muchos seminarios impartidos por estas vacas *sagradas* no propiciaron un ambiente de aprendizaje sano, parecía incluso que el profesor nos había hecho el favor de venir a impartir su curso. Mi consejo, cuando este tipo de personas te toquen en algún foro, trata de sacar el mejor provecho de la experiencia y hacer preguntas que inviten a una convivencia enriquecedora para los participantes. Por ejemplo, podrías cuestionarle lo siguiente: ¿Podría ejemplificar dicho concepto para vincularlo a una investigación y contribuir con nuestra formación dinámica y en proceso de consolidación? Dicha pregunta les hará recalibrar su clase y al menos debería de dejar la reflexión para empezar a hacer las cosas de manera diferente, para mejorar la experiencia y el éxito del aprendizaje de sus alumnos, que, como se señala en la pregunta: **están en un proceso que es dinámico y siempre mejorable para continuar con su desarrollo profesional y personal.**

Te invito a que no tomes los comentarios de manera personal de aquellos individuos que no están interesados en apoyar tu desarrollo y crecimiento; afortunadamente, por otro lado, en años recientes se ha avanzado en el diseño del aprendizaje integral, aprendizaje por competencias e incluso se ha redefinido el rol del profesor con nuevos recursos para la innovación y la calidad educativas con calidez.

Cuando los procesos de interacción académica no fluyan correctamente, en un entorno positivo, de aprendizaje y de sana relación, es recomendable acudir a otras instancias como tu director de programa o incluso con psicólogos de apoyo al desempeño del estudiante. No hay que sentir vergüenza por pedir ayuda, apoyo o un consejo, al contrario, recuerda que para eso están las diferentes instancias de tu universidad, que cuentan con personal especializado en distintas áreas complementarias para el éxito del estudiante.

31. Para defender tu tesis y controlar tus emociones

. . . .

Si llegaste a este capítulo y estás cercano a defender tu tesis ¡Muchas felicidades! Quiere decir que estás cerca de concluir con tus estudios. Si bien entiendo es posible que te sientas un tanto agobiado/a, o incluso con estrés, quiero decirte que te entiendo y sé que es un momento retador. De aquí en adelante es necesario aclarar la mente y no abrumarnos. Éste es un momento clave y es muy importante tener los pies de plomo y no permitir que las emociones o los nervios nos traicionen. En ocasiones, como profesor he visto proyectos e investigaciónes muy buenas, que mis alumnos terminan por presentar pésimo porque los nervios y las emociones los traicionan, este tipo de titubeos no le hace justicia a la calidad de su proyecto de investigación en sí. Así que es muy importante que también te prepares para ese momento.

Hay quienes se sienten más cómodos presentando el examen solos y deciden no invitar a nadie, pero eso habla de tu timidez; sugiero que invites a las personas que consideres adecuadas y que pueden darte apoyo, toma en cuenta que estos exámenes son abiertos y puede asistir cualquier persona, así que el hecho que decidas no invitar a alguien por tu parte no significa que estarás solo. Considera que es mejor encontrarse con caras conocidas y tu red de apoyo cercana.

Por otro lado, al invitar a otras personas a tu examen, estás mandando también el mensaje a tus sinodales que ya cuentas con la madurez para ejercer y defender tu investigación ante el mundo, porque por algo te estuviste preparando tanto tiempo y desarrollando no sólo el conocimiento en esa área, sino también fortaleciendo un sinnúmero de talentos, habilidades y competencias personales. Ésta es una decisión personal, así que, si te sientes más cómodo sin invitados conocidos, adelante.

Una sugerencia para prepararte es que imprimas una copia de tu tesis para estudiar los aspectos principales de manera sintética de cada sección de tu investigación, y puedas hacer anotaciones. Es común que las preguntas que te realicen giren alrededor de la forma y metodología para realizar la investigación, la razón de la elección del problema, la justificación de la hipótesis, y por qué se hacen esa o esas preguntas y no otras, así como la viabilidad de las propuestas presentadas. Finalmente, es común que los sinodales realicen preguntas entorno a tus hallazgos y conclusiones, conectándolo con la metodología de investigación planteada. Algo que debes de recordar para estas alturas de tu trabajo, es que nadie conoce tan bien tu tema y trabajo como tú.

Una vez en tu defensa de tesis, cuida no responder de manera precipitada y con respuestas simples, menos aún con monosílabos ("no" o "sí"). Recuerda mantener las emociones bajo control y mostrar la seguridad de tu tema y de tu proceso, finalmente si ya llegaste hasta aquí es porque ya lograste pasar por un gran y largo periodo de transformación, así que respira e inhala confianza.

Es importante que des cuenta de tu conocimiento y amplio dominio del tema. Si tu comité o sinodales te lo permiten, puedes tener a la mano una copia de la tesis para acudir a ella en caso de que quisieras señalar alguna cita específica, algún dato, e indicar en qué capítulo o sección del capítulo abordas la problemática planteada, o el contenido que dé respuesta a la pregunta hecha por los sinodales.

En ocasiones es necesario que además de la tesis lleves carpetas con el material como encuestas, guiones de entrevista, matrices, entre otros recursos que empleaste durante la metodología de investigación para soportar el proceso de la investigación científica, discute con tu tutor qué materiales adicionales deberías llevar según el tipo de tesis que estés presentando. Hay quienes para el caso de tesis jurídicas llevan la Constitución, leyes, códigos y reglamentos, por darte un ejemplo.

Tip #55

Siempre es conveniente llevar un par de tesis extras impresas por si a alguno de los sinodales olvida su ejemplar o alguien solicita consultarlo. En caso de que no lo necesites puedes regalarlo al final a alguno de tus invitados con dedicatoria.

Finalmente, es importante que unos días antes duermas lo suficiente y que ese día te mantengas con enfoque. Piensa que es parte del proceso, que como cualquier otro examen vas a pasarlo y que tienes la capacidad de hacerlo bien. Ya llevas muchas semanas, meses, incluso años de preparación y trabajo para ello. Ánimo y no dudes de tus capacidades; mantente bajo control y ensaya de manera precisa y sintética la manera en que vas a presentar tu defensa de tesis para ganar mayor confianza ¡Mucho éxito!

32. Los vínculos socioemocionales en la retroalimentación

. . . .

Durante varios años estuve ejerciendo varios roles, por un lado, como profesor universitario, impartiendo asignaturas de licenciatura, como mentor a nivel maestría y asesorando algunas tesis de investigación, y por el otro, también desempeñaba el rol de estudiante en la maestría y en el doctorado. El combinar durante un periodo de mi vida varios roles me permitió observar el aula desde ambos lados. Y he notado que varios profesores y alumnos cometen un error terrible en la manera de dar y recibir retroalimentación, en ocasiones esto causa mover varias emociones y es también parte del proceso del alumno trabajar para recibir emocionalmente y de manera tranquila y madura esta retroalimentación. Así que te invito a prestar atención en la manera cómo recibes la retroalimentación, y también observar con atención la manera cómo los profesores dan dicha retroalimentación a los alumnos, me explico a continuación.

Los estudiantes que participan adecuadamente en tareas desafiantes, es más probable que respondan a los comentarios porque necesitan esa información para seguir creciendo y aprendiendo. La retroalimentación centrada en algo que ya saben los alumnos, hace poco para cambiar la comprensión. Y la retroalimentación se nutre de los errores. Cuando los errores se celebran y se esperan, la retroalimentación puede ganar terreno. Así que como alumnos es necesario controlar las emociones y no tomarlo personal, entender una retroalimentación centrada en cómo podemos mejorar el proceso y nuestro trabajo, para mejorar y lograr alcanzar mejores resultados. La relación entre la persona que la recibe tiene un efecto mediador sobre la utilidad de la retroalimentación. Pero eso es algo que cada alumno debe tener consciencia y control propio. Ya que una buena retroalimentación sólo funciona cuando se reciben los comentarios, el alumno que no quiere escuchar y no quiere mejorar, de poco servirá si no está abierto a este proceso de mejora continua.

Ahora bien, hay profesores que por su lado no proveen una retroalimentación asertiva y centrada, así que como alumno puedes observar y considerar las dimensiones complejas que se requieren para lograr esto, si en algún momento consideras que el o los profesores no están logrando dar una retroalimentación asertiva, es prudente con toda objetividad y tranquilidad como alumno expresar una sesión o cita para solicitar que se consideren las siguientes dimensiones, con el ánimo de buscar un proceso de aprendizaje sano, productivo y positivo:

- La relación entre los miembros de la facultad y los estudiantes necesita ser una positiva.

- La retroalimentación correctiva por sí sola no es especialmente efectiva para nada más que un nuevo aprendizaje.

- Los profesores deben ser considerados creíbles a los ojos de los estudiantes.

- Los estudiantes por su parte requieren ser maduros en el manejo de sus emociones y no tomarlo personal ni de manera negativa.

- El clima de la clase debe ser tal que los errores no se vean con vergüenza, sino que formen parte de un proceso de aprendizaje, como un proceso de mejora continua.

La retroalimentación de los profesores deber ser precisa y centrarse en los aspectos que son necesario corregir, mejorar profesionalmente, sin envolver cuestiones de índole personal que demeriten a la persona y mucho menos sus capacidades.

La relación entre la persona que proporciona la retroalimentación y la persona que la recibe tiene un efecto mediador sobre la utilidad de la retroalimentación, pero sólo funciona cuando se recibe la retroalimentación y los alumnos están dispuestos y con la apertura de tomarla como algo que les puede ayudar a mejorar en su proceso. Si en algún momento no estás recibiendo este tipo de retroalimentación, entonces el alumno debe solicitarla bajo este parámetro para clarificar y que la retroalimentación sea asertiva y de utilidad. Así que no dejes de pedir una retroalimentación con apertura y analiza sin mezclar emociones, la retroalimentación que te están dando, para que le puedas sacar mayor provecho y utilidad. Mantén siempre una sana relación con tus profesores y los vínculos socioemocionales en la retroalimentación, para que la aproveches mejor.

Parte **VII**

Elige el éxito y cuida tu bienestar

33. Invierte en ti y en tu red de apoyo

. . . .

La mejor inversión que puedes hacer es en ti mismo, porque tendrás más herramientas, mejores habilidades, entre otros beneficios. Así que cualquier inversión de tiempo, recursos y energía, destinada a cultivar tu mente, cuerpo y espíritu, es bienvenida. Recuerda que así como debes hacerte responsable de tus estudios, de tus tareas y avance de tesis, también debes cuidar de tu bienestar, esta es tan importante como la parte académica.

Cultiva tu mente

Una experiencia de posgrado o una investigación para aplicar el conocimiento adquirido, te pondrá en otra perspectiva. No sólo desarrollarás nuevas habilidades y herramientas, también tendrás nuevo conocimiento que podrás aplicar de manera casi inmediata. Tendrás mayor preparación, misma que te podrá dar mayor libertad para elegir los proyectos en que deseas involucrarte en el futuro, entre otros beneficios.

El conocimiento y las habilidades te permitirán fortalecer tu marca personal, así que apuesta por ella. Pregúntate cómo esta investigación puede contribuir a ello. Invertir en especializarte es importante, lo que te ayudará a identificar en qué áreas hacerlo; esto es un escalón más para brindarte mayor visión sobre tu trabajo y futuro, y te hará más competitivo y colaborativo.

Tip #56

Fórmate en aquello que te guste, que sea tu pasión, que te motive a seguir adelante y que además puedas poner en práctica tus dones y talentos.

Esta etapa será también para prepararte y hacerte atractivo a grupos de trabajo, empresas y centros de investigación, para que quieran trabajar contigo. Identifica que más necesitas para complementar profesionalmente tu perfil y concentra tus energías en lograrlo.

Hoy en día con todas las plataformas online que hay a nuestra disposición, nunca había estado tan cerca y nunca había sido más fácil adquirir una gran cantidad y diversidad de conocimiento en áreas específicas. Por otro lado, negativo, también la aparición de circulación de información errónea, sin sustento y falsa.

La idea antigua de estudiar sólo en la escuela, donde las personas se graduaban y nunca volvían a ella, se ha vuelto obsoleta. Ahora estamos en una época de formación y crecimiento progresivos, ante un escenario de constante cambio, que demanda estemos actualizados continuamente. Pocas cosas son tan gratificantes como la sensación personal de progreso y aprendizaje de cosas nuevas. Si quieres ser el y la mejor en un área, aprende de los mejores. Así que éste es buen momento para preguntarte qué tan dispuesto estás en invertir tu tiempo, energía y recursos.

Tip #57

Sé selectivo en el tipo de información que recibes, dime qué lees y te diré quién eres, parafrasenado el refrán.

Por cada día, cada instante, cada red social o medio del cual absorbes información, estás decidiendo a qué dedicas tu tiempo y energía; no lo malgastes, ni tampoco te contamines. No llenes tu mente de información innecesaria, que no aporta nada a tu vida, y que incluso puede llegar a dañarte. Es importante desarrollar la conciencia interna y la capacidad de selección de la información correcta. Para ello, hazte la siguiente pregunta: "¿Esto que estoy haciendo o leyendo en qué ayuda a mi vida?" Pregúntate qué te aporta.

Un filtro para ello es cuestionarte si ese proceso te va a afectar negativa o positivamente en los próximos meses o años; si la respuesta es de impacto positivo entonces es una inversión, si es de impacto negativo, entonces es una pérdida de tiempo ¿Es lo que quieres, perder tu tiempo? Reflexiona.

Cuerpo sano en mente sana… y espíritu también

Así como la educación y el conocimiento son una inversión, comer bien y descansar, también lo son. Otra inversión recomendable es hacer ejercicio, al menos 30 minutos al día para oxigenar tu cerebro y cuerpo. Antes o después de tu jornada laboral, podrías tener una sesión de yoga, una caminata por el parque, correr o andar en bicicleta al aire libre, además de relajar tu cuerpo. Despejar tu mente te brinda una sensación de bienestar generalizado.

Recuerdo que uno de los pensamientos más claros y potentes me llegaron justo cuando corría una maratón en mi ciudad –al fin mi primera carrera de largo alcance–; para ello entrené muchas tardes previas, pero en los entrenamientos cortos nunca alcancé el nivel de pensamientos y profundidad que logré como cuando corrí la maratón.

Hidratarte y comer bien serán parte de tu rutina. En lugar de beber café por las tardes, prefería tomar tés y agua. Después de finalizar un objetivo al cierre de semestre, me regalaba mis recompensas, como una tarde de masaje en un spa, o una escapada a una cabaña en el bosque por un fin de semana.

Tip #58

Analiza qué otras rutinas podrías incorporar para mejorar tu calidad de vida. Una sesión de yoga tres veces a la semana, meditar por las mañanas, una caminata por el parque con tu perro…, son solo ejemplos para consentir y cuidar de nosotros mismos.

Planea y organiza tu agenda, haz el compromiso de cumplirla en tiempo y forma, recuerda que para integrar una nueva conducta o práctica en tu vida, se logra después de realizarla por más de 21 días consecutivos. Mi recomendación de broche de oro para este capítulo es: invierte en todo aquello que te aproxime a lo que quieras convertirte.

Tu red de apoyo

No sólo porque tendrás un periodo de mucha demanda de tareas, lecturas y trabajos (que te sacarán de tu zona de confort y te requerirán en ocasiones de varias horas extra de trabajo y esfuerzo), descuides a tu familia o a tus amigos. Recuerda que tu círculo inmediato son tu base de apoyo y será importante que organices tu tiempo para incluirlos en tu apretada y ocupada agenda. Procura cada semana reservar un momento para ellos.

Tip #59

Procura conectar con la gente que amas, ellos te ayudarán a cargar energías y en muchas ocasiones liberar presión y tomar nuevas fuerzas.

En lo personal durante mis estudios de doctorado seguía visitando a mis papás los fines de semana, con la intención de convivir con ellos y disfrutar a mi familia. Por las noches invitaba a amigos a mi casa a cenar y convivir. Los hice parte de mi proceso, ellos estuvieron ahí para escuchar las nuevas ideas, los retos y hasta recibí consejos cuando los necesité. Así que asegúrate de mantener tu vida social y familiar activa y sana. Sobre todo, cuida a tu pareja y dedícale tiempo, no quieres que él o ella termine odiando tu investigación. El día de tu defensa seguramente todo tu grupo de apoyo estará en tu sesión sintiéndose parte del desarrollo y fin de tu investigación.

34. Para lidiar con el estrés y la presión de avanzar y terminar

. . . .

Casi alistándonos para el cierre de esta parte, este capítulo quisiera dedicarlo al manejo del estrés y la presión de avanzar y terminar satisfactoriamente tu proceso de tesis. Esta etapa puede provocar diferentes momentos de ansiedad, de ataques de estrés o pánico. Calma, lo importante es saberlos manejar cuando lleguen esos momentos y salir lo mejor librado/a.

Medita

Definitivamente, una herramienta que puedes incorporar a tu proceso es darte espacio para la meditación, puedes empezar con cinco minutos al día por la mañana al despertar o antes de dormir, en posición flor de loto. En lo personal es la que prefiero, y lo hago recargado a una pared. Puedes escuchar música ligera de fondo o bajar alguna aplicación en tu móvil para mejorar la experiencia. También hay algunos buenos canales de YouTube, Spotify y otras *Apps* dedicadas a ello.

Si incorporas la meditación a tu vida y además amplias el tiempo de la práctica, verás cómo tu mente se calma y tus pensamientos se volverán más asertivos y centrados. También hay muchos libros que te pueden guiar en este tema. La práctica de la meditación ha probado estar relacionada con beneficios en reducir el estrés, mejorar tu atención y enfoque, aceptación de las cosas como realmente son, despertar en consciencia, ser más amable con los demás, entre otras.

Utiliza algunas aplicaciones que te ayudarán a mejorar tu balance. Yo he utilizado Noisli, que te permite mezclar y combinar diferentes sonidos inspirados en la naturaleza para crear tu entorno de sonido perfecto. Esta plataforma ofrece más de 25 sonidos de fondo de alta calidad que puede reproducir individualmente o combinar entre sí a elección propia según tu estado de ánimo. Al combinar varios de estos sonidos puedes ajustar el volumen de cada sonido. En la lista de reproducción, hay para relajación, otra pista para estudiar, para concentrarte, pensamiento creativo, bloqueo de ruido externo y una más para dormir. Así que cuando te sientas desanimado, estresado o distraído, esta aplicación podrá ayudarte a concentrarte y trabajar en armonía.

Adicional a lo anterior Noisli te ofrece un temporizador para trabajar en sesiones y evitar el agotamiento. Te invito a que la pruebes como herramienta para mantenerte concentrado en el trabajo, que es cada vez más un desafío. Las interrupciones frecuentes, principalmente en forma de ruido, entorpecen nuestro enfoque, aumentando el nivel de estrés y disminuyendo nuestra productividad. Si en general te gusta y puedes trabajar con música o sonidos de la naturaleza, esta aplicación te podría funcionar para promover una atmósfera inspiradora en tu cuarto de estudio. Lo mejor es que la versión gratuita tiene suficientes elementos para poder emplearla.

Practica algún pasatiempo

Planea en tu agenda espacios para realizar actividades que te distraigan, que disfrutes y te relajen. No todo es estudiar y trabajar. Una amiga del doctorado, por ejemplo, cocinaba como espacio de relajación, así que cuando estaba harta de estudiar se tomaba un descanso preparando recetas innovadoras. Por mi cuenta, me dediqué a pintar acuarelas y a escribir este libro como parte de mi terapia durante el doctorado. Intenta hacer cualquier actividad que nutra tu espíritu y mente, pueden ser actividades como tocar algún instrumento musical, hacer algo artístico, creativo o aprender algo nuevo para mejorar tu calidad de vida.

Haz ejercicio y practica el pensamiento positivo

El ejercicio tiene varios beneficios, te ayuda a estar en forma, más saludable y sacar el estrés acumulado. Intenta hacer una caminata, ve al gimnasio, en tu casa puedes hacer yoga, encuentra el tiempo para mantenerte activo. En mi caso, mientras hacía mi doctorado, tuve la oportunidad de salir los fines de semana a hacer caminatas por el bosque o las montañas, el contacto con la naturaleza y los espacios abiertos pueden brindar una mejor perspectiva de los problemas y darnos un respiro.

Otro amigo recurrió a la repetición de palabras poderosas en un periodo de su vida que estaba enfrentando incertidumbre y un escenario complicado que lo tenía estresado. Todos los días camino a su trabajo, justo en el trayecto del estacionamiento a su oficina, se repetía a sí mismo: "Hoy soy poderoso, hoy soy valiente, hoy soy fuerte, y estoy libre de miedos y tengo la capacidad de salir adelante de todos los retos a los que me enfrento".

Esta programación neurolingüística te ayudará a darte ese impulso que necesitas en el momento adecuado. Busca las palabras que te hagan sentido, y con las que te resuenen para lograr tus metas.

35. Coaching para estudiantes e investigadores

Este libro lo escribí con el objetivo de apoyar y guiar el proceso de investigación de los estudiantes, a partir de mi experiencia en un largo recorrido después de concluir una licenciatura, dos diplomados de especialidad, dos maestrías internacionales y un doctorado. Aquí comparto algunos consejos y recursos, que a lo largo de todos estos años he observado que han sido los más efectivos tanto para mi proceso educativo y de investigación, como para mis alumnos. Si aún consideras que tienes un aspecto en particular que te gustaría trabajar te invito a que consultes mi página web donde publico los cursos y talleres que imparto.

Si consideras que los contenidos de este libro te fueron de ayuda, quiere decir que logré mi objetivo y me sentiré satisfecho de haberte guiado. Ahora tú puedes ayudar a que más personas lo conozcan, ya sea recomendándolo con tus compañeros de clase o amigos, para que puedan adquirir su propio ejemplar, y también puedes recomendarme con tu universidad para que me permita llevar alguna de mis conferencias, webinar o seminarios a ti, y con ello mejorar el rendimiento de los estudiantes y talleres para profesores en innovación educativa. En breve tendré disponibles cursos cortos en línea para seguir apoyando a los alumnos en su proceso.

La mejor recomendación es ir de boca en boca y poder tocar más corazones. Si te gustó este libro puedes dejar una reseña en el portal donde lo compraste, y en Goodreads. Estaré agradecido de poder leer tu opinión en Amazon o el portal donde hayas adquirido mi libro. Me interesaría conocer cuáles consejos te fueron más útiles y cómo mejoraron tus resultados. Tu reseña y comentarios son importantes para otros estudiantes que buscan consejos, ayuda y orientación sobre los contenidos de éste y otros materiales, así que, para estos estudiantes, leer tus comentarios podría ser interesante, porque podrían orientarse a partir de tu experiencia y aprendizaje adquirido en este libro, tal vez tengan los mismos problemas que tú y los puedas ayudar recomendándoles el libro y explicando desde tu experiencia. Para un estudiante que tiene que decidir cuál libro le puede ayudar en determinado problema o que busquen un consejo, un libro sin comentarios y otro que si tiene puede ser la diferencia, así que ayúdame a ayudar a otros estudiantes y te invito a formar parte de un círculo virtuoso que fomente el éxito de unos y otros. Lograr escribir, editar, corregir y publicar un libro no es una tarea fácil, pero llegar a los estudiantes que más lo necesitan, tampoco lo es, y no puedo hacerlo solo, así que pido tu ayuda para generar una inercia positiva y ayúdame a ayudar a otros ¡De antemano muchas Gracias por tu apoyo y comentarios!

De ser posible, quiero pedirte me dejes un comentario en alguno de mis videos del canal de YouTube: Coaching Universitario y mis redes sociales, compartiendo debajo de los videos, en qué te sirvió y cuál consejo aplicado en tu proceso de tesis te ayudó más. Esto me permitirá saber dónde tengo que enfocarme para publicar en mi canal de YouTube más contenido entorno a esos temas.

Quisiera agradecerte por haber logrado llegar en tu lectura hasta aquí, lamentablemente en el mundo más de la mitad de los lectores no concluyen los libros que empiezan, así que el hecho que estés leyendo estas líneas te pone en una posición especial de logro, éxito y ¡perseverancia! Sigue así, te deseo mucho éxito en todo lo que emprendas de aquí en adelante, me gustaría escuchar de ti en mis redes sociales para conocer tu historia de éxito.

Gracias por el tiempo que has dedicado en leer este libro, por tu interés en mejorar tus habilidades y mantener las ganas de seguir aprendiendo.

36. Para alcanzar tus metas con éxito

. . . .

Una investigación es un proceso largo de formación académica. Aunque el tiempo corre veloz, es importante que te mantengas motivado y con un enfoque para llegar al final, con calidad y con éxito. Es relevante que los estudiantes aprendan a gestionar su tiempo y sus recursos. Es lo que llamamos productividad personal. Así que una manera de tomar este reto, es transformarlo también de manera paralela como un desafío que además nos motive a aprender y a desarrollar una eficiente gestión del tiempo, de recursos y mejorar la productividad personal. Si tienes un problema que parezca difícil de resolver y te agobie, acude a este libro o a un amigo para buscar consejo. Si no lo encuentras puedes reservar una sesión conmigo, recuerda que estoy para apoyarte.

Para finalizar este libro, quiero decirte que sé lo que sientes en este proceso de crecimiento y espero que este contenido te haya ayudado, soy consciente de *lo que puede significar para ti empezar y concluir esta etapa de formación académica y profesional.*

Lo importante es lo difícil.

J. M. Rilke

Bonus

37. Estudiar un posgrado en el extranjero

Este capítulo de bonus me gustaría dedicárselo a aquellos estudiantes que, como yo, además de tomar el desafío de estudiar una maestría o doctorado, decidieron hacerlo en una universidad en el extranjero, en mi caso en la licenciatura estuve de intercambio un año en España, la maestría la realicé en Australia y el doctorado lo concluí en Canadá. Tomar el reto de emigrar o estudiar en el extranjero representa doble complejidad. Para ello te dejo mis recomendaciones según la experiencia que viví.

Presta especial atención a los tiempos y los procesos, ya que hay muchos trámites por hacer, por ejemplo, tramitar tu visa, buscar casa, reservar vuelos, contratar seguros, etc. Sin duda, es un periodo emocionante y que seguramente quedará guardado entre tus mejores recuerdos. En lo personal los años en que cursé la maestría en Australia, fue una de las mejores experiencias de toda mi vida.

Te sugiero aplicar a dos o tres universidades ya que, ante la alta demanda de estudiantes internacionales para obtener un lugar en las universidades, podrías quedar fuera. Hay muchos perfiles competitivos, ya no sólo compites con los mejores de tu país sino con los mejores del mundo. En mi caso, apliqué al mismo tiempo a cuatro universidades distintas en Australia, Nueva Zelanda, Canadá y Estados Unidos. Tómate el tiempo para explorar las opciones que quieras aplicar y considera que desde un año antes se inician los procesos de selección.

Para el caso de Australia, no creas que vas a ir a estudiar y vivir en medio de australianos, en realidad las universidades australianas tienen hasta un 75% de la matrícula con estudiantes provenientes de Asia, así que en ocasiones los trabajos de equipo representan todo un desafió de tolerancia, empatía y dotes auditivos para interpretar los diversos acentos. También ve preparado para asimilar los acentos de tus profesores.

En general el acento inglés de los australianos es particular, por lo que te sugiero ir entrenando tu escucha desde antes, viendo series australianas por Internet, *youtubers* y *podcast* de dicha región para que desde un año antes de tu partida escuches el inglés australiano al menos 15 a 30 minutos al día. Escuchar *podcast* en el auto mientras vas a tu trabajo por las mañanas podría ser una buena idea.

Tip Bonus

Bonus. Una vez en el país donde decidas estudiar busca las becas locales para fondeo de investigaciones. Estas regiones destinan grandes cantidades de recursos para impulsar investigaciones prioritarias, entre más relevantes y de mayor impacto, mayor posibilidad de acceder a dichos fondos. [23]

23. En el caso de Australia hay una beca para el talento internacional conocida como Endeavour y cada año abren la convocatoria. No dejes de revisarla: https://internationaleducation.gov.au/Scholarships/Scholarships-and-Fellowships/Pages/default.aspx

Para el caso de Canadá el acento se me hizo mucho más amigable y fácil de comprender; los canadienses son educados en general y hablan con un inglés propio. En mi experiencia en ambas universidades conté con un departamento de apoyo académico para los estudiantes, y la revisión de estilo de los ensayos era parte de los servicios que las instancias proveían sin costo extra, eso sí, era necesario entregar los ensayos con suficiente tiempo de antelación para que alguien de dicho departamento te diera retroalimentación y te sugiriera correcciones para mejorar los textos.

Recuerda que el profesor asume que todos los alumnos dominan el idioma de su clase, entonces no va a hacer una revisión diferenciada si cada alumno proviene de distintos países. Yo te sugiero que revises el syllabus de tus asignaturas y avances las tareas y ensayos con la mayor anticipación posible para que tengas tiempo de pasarlas a revisión una y dos veces antes de entregarlas a los profesores. En mi caso, incluso les pedía a mis amigos australianos que en los recesos comiéramos juntos para que revisaran mis tareas antes de entregarlas.

En el caso de ciertos programas, sobre todo los considerados de temas prioritarios (medio ambiente, sostenibilidad, agroecología, energía, medicina, entre otros), en las universidades tanto canadienses como australianas cada programa suele tener una beca anual para apoyo. En mi caso me fui a Australia sin ningún tipo de beca, y el primer año puse todo mi empeño para lograr un buen promedio y reforcé mi perfil multidisciplinario, lo que me hizo acreedor a la beca anual de mi programa de estudio. Te recomiendo que antes de elegir el programa, identifiques si éste cuenta con alguna beca o apoyos especiales.

38. Ahora es tu turno

Ahora que estás por terminar este libro, es un buen primer paso para empezar, continuar o finalizar tu investigación. Para terminar tu tesis, es importante que dediques un espacio para **agradecer** a las personas que te apoyaron, si así lo deseas, deja un espacio para tu país, y cómo tu investigación puede contribuir a mejorarlo. Si lo consideras conveniente, dedica un espacio también para pedir **perdón** a quien tengas que hacerlo, y dejar el orgullo de lado. Finalmente, para dedicar tu trabajo a quien **amas**, ¡pues la energía del amor mueve montañas y es la que nos mantiene vibrando en este planeta!

Para vivir en abundancia, agradece,
para vivir ligero, pide perdón,
para vivir con gozo y alegría,
expresa tu amor.

(Anónimo)

Agradecimientos

Antes que, a nadie, quisiera agradecer y dedicar especialmente este libro a mi pareja de vida. También a Luisa Fernanda; mi madre, quien me ha impulsado en cada etapa de mi vida y me ha enseñado a dar siempre lo mejor de mí mismo. A mi padre, quien me inculcó desde pequeño la disciplina y el esfuerzo enfocado, para lograr metas, lo que me permitió encaminar mi energía de manera eficiente en la escritura de esta obra. A mis hermanos, que en diferentes momentos han alegrado mi vida con sus ocurrencias, viajes y muestras de cariño.

A mis amigas y compañeras de doctorado Yohana y Karla, quienes fueron entrañables en esas tardes y desvelos de trabajo, de lectura en equipo, de interminables reseñas y reportes de lectura durante los meses más arduos del trabajo en el doctorado, a mis compañeros de maestría en Valle de Bravo y en Australia, quienes ahora están trabajando por todo el mundo. A Monica y Diana por su apoyo incondicional en cada etapa y cada locura que emprendo. A mis lectores cero que revisaron este texto y me brindaron sus recomendaciones para mejorarlo. A Raquel Martín Caraballo por su dedicada revisión y sugerencias de mejora para este libro.

A mi exalumna de licenciatura Andrea, cuyo liderazgo, determinación y ganas por hacer las cosas bien, contagió a muchas personas y quien además me llena de orgullo al ver cómo su vida se ha desarrollado y transformado.

A todos mis alumnos de licenciatura y de maestría a quienes he dado clase en algún momento y con quienes he compartido espacios de crecimiento en nuestras vidas; es increíble volverlos a encontrar y saber cómo sus vidas han florecido y se han desarrollado. A cada uno de ellos que me han dado grandes satisfacciones y enseñanzas.

También dedico este libro a los alumnos de la primera generación de la licenciatura de Urbanismo en el TEC de Monterrey; esta primera generación es especial para mí, ya que, junto con mis colegas, diseñamos el plan de estudios de la carrera poniendo todo el empeño para desarrollar una carrera para cambiar a un país.

A ti, lector, que tienes este libro en tus manos y decidiste tomar una decisión difícil que es invertir en ti, te mereces eso y más. Espero que este libro te apoye con los consejos que me hubiera gustado recibir en mi recorrido por la maestría y el doctorado, ¡Gracias!

Sobre el autor

Es profesor universitario y candidato a Doctor en Estudio Sociales por el iteso en Guadalajara, México. Realizó dos estancias internacionales de investigación, una en Vitoria-Gasteiz, España, y otra en Vancouver, Canadá. Ha sido profesor investigador a nivel licenciatura para el Tecnológico de Monterrey, campus Guadalajara, Monterrey, Querétaro y Ciudad de México, impartió clases para maestría en el iteso y la esarq en Guadalajara, México. Asimismo, impartió cursos en Ecuador con la Universidad de San Francisco de Quito y en Europa para el programa elop en Ginebra, Suiza, además de colaborar con las universidades Bern University y Politécnico de Milano.

Tiene una maestría en Urban Design and Development por la UNSW en Sídney, Australia. Y una maestría en Agroecología y Sistemas Regenerativos en la Universidad del Medio Ambiente en Valle de Bravo, México. Además, realizó varios diplomados y certificaciones en Competencias Docentes, Coaching para Estudiantes, en Agencia de Cambio e Innovación Educativa.

Mantiene animado su canal de YouTube, donde invita a la comunidad docente y a los estudiantes a mantenerse informados en innovación educativa y técnicas de enseñanza. Además, es conferencista motivador para docentes y estudiantes, por lo que ha participado en diversos congresos y seminarios como ponente en varios países del mundo, entre ellos: Chile, Ecuador, México, Japón, Brasil, Colombia, y Canadá, entre otros.

Actualmente trabaja en un Instituto de Investigación Socioambiental en Vancouver, Canadá. Si quieres saber más acerca de su perfil profesional, visita el canal en YouTube: Rodrigo Coaching Universitario, o en Instagram eco_habitat_rod.

Bibliografía

Anderson, L. W., & Bloom, B. S. (2001). A taxonomy for learning, teaching, and assessing: A revision of Bloom's taxonomy of educational objectives. Longman.

De Sousa Santos, Boaventura (2010). Renovar la teoría crítica y reinventar la emancipación social (encuentros en Buenos Aires). Clacso: Buenos Aires, 2006. México: Epistemologías del Sur. Siglo XXI.

Inegi (2000). Eficiencia terminal en estudiantes en México. Obtenido de: http://internet.contenidos.inegi.org.mx/contenidos/productos/prod_serv/contenidos/espanol/bvinegi/productos/historicos/2104/702825460464/702825460464_19.pdf#[4,{%22name%22:%22Fit%22}]

Ines (2016). Resultados de graduados por cada mil habitantes en España en posgrados. Obtenido en: https://www.ine.es/prodyser/espa_cifras/2019/16/#zoom=z

International Institute for Higher Education in Latin America. (2006). Informe sobre la educación superior en América Latina y el Caribe, 2000-2005: la metamorfosis de la educación superior. Iesalc.

Olivé, León (2009) "Por una auténtica interculturalidad basada en el reco-nocimiento de la pluralidad epistemológica" En Pluralismo epistemológico. La Paz: clacso / Muela del Diablo Editores / Comunas / cides-umsa, pp. 19-30.

Pérez González, J. A. (2006). La eficiencia terminal en programas de licenciatura y su relación con la calidad educativa. reice: Revista Electrónica Iberoamericana sobre Calidad, Eficacia y Cambio en Educación.

Tesis de éxito 4.0 de Rodrigo O. Jurado
se terminó de maquetar en febrero de 2021.
El tiro consta de 500 unidades